GOLDMANN

W0195788

Buch

Ganz zufällig stießen deutsche Touristen in den Ötztaler Alpen im September 1991 auf die archäologische Sensation des Jahrhunderts: Der »Mann aus dem Eis«, im Volksmund nach seinem Fundort sogleich liebevoll »Ötzi« getauft, hat nach seiner Entdeckung sogar die tragischen Ereignisse im jugoslawischen Bürgerkrieg aus den Schlagzeilen verdrängt. Auch die internationale Presse widmete dem Gletschermann große Bildberichte.

Kein Wunder – überbrückt dieser Fund doch lückenlos 5000 Jahre: Die Frühgeschichte wurde damit zur aufregenden Gegenwart. Diese dichte, unerhört packende Geschichte, aufgezeichnet von einem prominenten österreichischen Journalisten, berichtet von einem wichtigen Wissenschaftsabenteuer, das unser Vergangenheitsbild wesentlich verändert.

Autor

Friedrich Graupe, Jahrgang 1949, ist Umwelt- und Naturschutzredakteur bei einer großen Tageszeitung in Wien. Für seine Arbeiten erhielt er mehrere Preise (u. a. Österreichischer Naturschutzpreis, Konrad-Lorenz-Preis für Umweltschutz). Er hat bereits mehrere Sachbuchtitel veröffentlicht.

Fotograf

Max Scherer, Jahrgang 1949 und in Tirol zu Hause, ist seit mehr als 20 Jahren als Fotoreporter unterwegs. Als erster und einziger Pressefotograf war er im Auftrag der *Kronen Zeitung* bei der Bergung des Ötzi »live« dabei.

FRIEDRICH GRAUPE / MAX SCHERER

DER MANN AUS DEM EIS

Die archäologische
Sensation des Jahrhunderts

GOLDMANN VERLAG

Danksagung

Einer allein kann nicht alles tun und alles wissen. Deshalb gebührt mein Dank jenen Journalistenkollegen, die im »Fall Gletschermann« recherchiert haben und deren Ergebnisse ich für dieses Buch übernehmen durfte: Trude Sagmeister, DDr. Günther Nenning, Georg Markus, Tobias Micke, Christian Hauenstein und Michael Erfurth.

Umwelthinweis:
Alle bedruckten Materialien
dieses Taschenbuches
sind chlorfrei und umweltfreundlich.

Der Goldmann Verlag
ist ein Unternehmen der Verlagsgruppe Bertelsmann

Made in Germany · 1. Auflage · 5/93
Genehmigte Taschenbuchausgabe
Copyright © 1991 by Verlag Orac im Verlag Kremayr & Scheriau, Wien
(2., aktualisierte Auflage, März 1992)
Umschlaggestaltung: Design Team München
Umschlagfoto: US-Press, Wien
Druck: Presse-Druck Augsburg
Verlagsnummer: 12458
SK · Herstellung: Stefan Hansen
ISBN 3-442-12458-1

INHALT

EIN RUMMEL
UM DEN GLETSCHERMANN

T-Shirts mit dem Konterfei des »Mannes aus dem Eis«, mehr mindere als gute Nachbildungen aus Pappmaché, ein Schlager mit dem Titel »Ötzi vom Gletschi« usw. Scherzbolde, Satiriker, Mythologen und Karikaturisten haben sich des Themas bemächtigt und sorgten für zusätzlichen und nicht immer stilvollen Rummel um diesen bedeutsamen wissenschaftlichen Fund. Es gab sogar den Vorschlag, den 5000 Jahre alten Toten zum »Mann des Jahres 1991« zu küren.

Dazu vermerkte der Journalist Horst Stankowski ironisch: »Richtig ist, daß er seinen weltweiten Ruhm weder mit wissenschaftlichen noch mit staatsmännischen Großtaten erworben hat, sondern allein durch bloßes Daliegen. Das allerdings lange und in äußerst unwirtlicher Gegend.«

Wie immer dem auch sei: All diese Zeiterscheinungen, die heute mit so vielem einhergehen, zeigen im Grunde das hohe Interesse an diesem Fund. Wie die schon vieldiskutierte Frage, was letztlich mit dem Gletschermann geschehen soll: zur Schau gestellt wie der einbalsamierte Lenin oder nach Ende der Untersuchungen aus Pietätsgründen beigesetzt, wie dies auf Anweisung von Ägyptens Präsident Sadat mit Pharao Ramses II. unter dem archäologischen Museum in Kairo oder mit Tut-ench-Amun in seinem Grab im Tal der Könige geschah?

Die Frage ist noch offen . . .

VORWORT

Auch im Leben abgebrühtester Journalisten, die oft
Gefahr laufen, in Routine zu erstarren, gibt es Ereignisse, die ihnen an Herz und Nieren gehen, sie Tag
und Nacht in Bewegung versetzen, sich letztlich
unauslöschlich im Gehirn einprägen; Ereignisse, aus
denen Berichte entstehen, von denen erwartet oder
zumindest erhofft werden kann, sie mögen von blei-
bendem Wert sein, nicht von anderen Aktualitäten
überrollt werden, nicht auf dem Müllhaufen der Zei-
tungsgeschichte landen.

Die Auffindung des »Mannes, der aus dem Gletscher kam«, war ein solcher Fall, ein Jahrhundert-
Ereignis, wie jetzt gesagt wird. Deshalb wurde diese
Dokumentation geschrieben, unter Verwendung aller
bisher verfügbaren Daten, Fakten und Bilder.

Es gab niemanden in Österreich, in Südtirol, in Italien, in der Schweiz oder in Deutschland, der vom
Fund in den Ötztaler Alpen nicht Notiz nahm; jeder-
mann verfolgte die neuesten Meldungen mit Auf-
merksamkeit (das Wort enthält den Begriff »mer-
ken«). Der Mann aus dem Eis *war* in diesem September und Oktober des Jahres 1991 das Tagesgespräch
schlechthin, hatte sogar die tragischen Auseinander-
setzungen in Jugoslawien aus den Schlagzeilen verdrängt. Auch die internationale Presse, die an den
Schalthebeln der sogenannten Macht sitzt, widmete
dem Eismenschen große Bildberichte.

Für Journalisten ist bei dieser archäologischen Sensation von Vorteil, daß die Untersuchungen viele Jahre dauern werden; daß erst viel später die ganze — oder auch nur die halbe — Wahrheit bekannt sein wird. Deshalb sind Spekulationen, Fiktionen und Vermutungen legitim. Was glaubhaft ist, kann auch in Wirklichkeit vor 5000 Jahren geschehen sein. Und selbst wenn es Jahre dauert, um die Todesursache dieses Mannes herauszufinden, ist diese Frage irrelevant. Denn Hauptsache ist, der Gletscher hat ihn so lange konserviert, daß wir ihn heute vor uns haben, ihn nach so langer Zeit zu Gesicht bekommen. Hauptsache ist auch, daß dieser »alte Tote« uns etwas von unserer eigenen Prähistorie mitteilen, erzählen kann.

Die erste Auflage dieser Dokumentation erschien — als »Schnellschuß«, wie wir Journalisten sagen — nur zwei Monate nach der Auffindung der Mumie im Gletscher. Sie war teilweise noch mit Unsicherheiten behaftet, die ich in dieser zweiten Ausgabe auszumerzen versuchte. Vor allem die neuen Datierungen und die Tatsache, daß die vermeintliche Bronzeaxt gar nicht aus Bronze, sondern aus Kupfer besteht, lassen mit Stand von März 1992 den Schluß zu, der »Mann aus dem Eis« sei sogar vor 5000 Jahren ums Leben gekommen. So ist »Ötzi«, wie er liebevoll im Volksmund genannt wird, in nur sechs Monaten um tausend Jahre gealtert . . .

Friedrich Graupe

CHRONOLOGIE
DER
EREIGNISSE

EINE GROSSE PUPPE? —
»MEI, DAS IST JA A MENSCH!«

Donnerstag, 19. September 1991

Da wandern zwei deutsche Urlauber durch die Bergwelt Tirols und machen den Fund des Jahrhunderts, erkennen aber nicht, was er bedeutet, erfahren erst wieder zu Hause in Nürnberg, daß dieser Mann, der aus dem Eis kam, 4000 Jahre alt ist. Zunächst hieß es, es seien die sterblichen Überreste eines unbekannten Alpinisten an diesem Donnerstag nachmittag am Niederjochferner im Gemeindegebiet von Sölden, Tirol, in 3200 Metern Höhe gefunden worden. Die Identität der Leiche, die (wie man vorerst vermutete) schon seit mehreren Jahrzehnten im Eis gelegen war, konnte zunächst nicht geklärt werden.

Ein Interview des Journalisten Tobias Micke mit den Auffindern des Toten vom Similaun-Gletscher:

»Weiter oben, als wir am Similaun-Gipfel waren und die Aussicht genossen, da hat man schon so viele Blechbüchsen, Gaskartuschen und so Zeugs gesehen. Deshalb war mein erster Gedanke: das ist nur Unrat«, sagt Helmut Simon (54), Hausmeister in der Nürnberger Stadtbibliothek. »Und zwar habe ich daran gedacht, daß ein Kind eine große Puppe weggeworfen hat. Wir hatten ja nur den Rücken und den Kopf dieses Toten gesehen, und das war mein allererster Ge-

Die Entdecker des Eismenschen, Erika und Helmut Simon, in ihrer Wohnung in Nürnberg.
Foto: Max Scherer

danke. Aber andererseits: Auf 3200 Metern Höhe hat man ja kein Kind mit, und sicherlich keine so große Puppe.

Und dann meinte meine Frau Erika: ›Mei, das ist ja a Mensch!‹ Und dann hat man schon gesehen, daß die Knochen und die Haut so ledern sind, er also schon vor längerer Zeit verunglückt sein muß und man keine Wiederbelebungsversuche mehr machen kann.«

Im Grunde hatte das Ehepaar Erika und Helmut Simon den alten Toten nur deshalb entdeckt, weil es sich beim Abstieg vom Similaun keine nassen Füße holen wollte. Der Nürnberger wörtlich: »Meine Frau und ich überquerten ein Schneefeld, an dessen Fuß sich ein kleiner Schmelzwassersee gebildet hatte. Der Weg ins Tal führte mittendurch. Deshalb ging ich außen, entlang des Ufers am Wasser vorbei, und plötzlich sah ich den Toten aus dem Eis ragen. Ich habe ihn mir genau angeschaut, dann habe ich ein Foto gemacht, und meine Frau fragte mich: ›Mußt du denn diesen Toten fotografieren?‹ Ich hab' mir halt so gedacht, das wäre ein Bergsteiger oder Skifahrer, der vielleicht schon vor Jahren oder Jahrzehnten ums Leben gekommen ist, und es ließen sich vielleicht seine Angehörigen ausfindig machen. Vielleicht ist das für sie eine Beruhigung, wenn sie sehen, wie er gefunden wurde und wie das aussah. Deshalb habe ich das Bild gemacht.«

Ist das Bild etwas geworden?

»Ja. Dann war noch so ein Stück von einem Birkenstamm, die Rinde ungefähr in der Größe eines Handtellers — mit irgend etwas verschnürt, mit Leder, Bast oder Hanf. Das habe ich dann in die Hand genommen, konnte es aber nicht in irgendeinen Zusammenhang bringen, und habe es wieder hingelegt.

Dann sind wir zur Similaunhütte abgestiegen, ein Marsch von etwa zwei Stunden; es sind uns noch ein paar andere Bergsteiger entgegengekommen, wir haben ihnen von dem Toten da oben erzählt und gesagt, wir würden das jetzt dem Hüttenwirt melden. Das ist im Gebirge halt so üblich. Als wir unten waren — ich muß es ehrlich sagen — habe ich mehr Durst gehabt als irgendein anderes Interesse und hab' mir ein Bier eingeschenkt.

Nach dem ersten Durst habe ich Markus, den Hüttenwirt, gefragt: Ist euch bekannt, daß jemand in den letzten Jahren vermißt wird? Er sagte: ›Nein, warum?‹ Sag ich: Wir haben so eine eigenartige Entdeckung gemacht. Wir haben eben da droben einen Toten liegen sehen. — Und dann war große Aufregung.«

Urlauber Helmut Simon schilderte dem Hüttenwirt die Stelle, an der er den Toten gesehen hatte, aß noch etwas und stieg mit seiner Frau gegen 16.30 Uhr ins Tal ab, blieb dort noch bis Sonntag und fuhr am Montag abend nach Nürnberg zurück.

Unterdessen hatte sich an diesem Tag folgendes abgespielt: Hüttenwirt Markus Pirpamer alarmierte nach dem Bericht der beiden deutschen Urlauber die Behörden Südtirols und Österreichs, stieg zum Gletscher auf und fand dort tatsächlich diesen eigentümlichen Toten. Er hatte zunächst an einen verunglückten Alpinisten gedacht, ebenso wie der Nürnberger, fand dann aber keinen einzigen Ausrüstungsgegenstand, der auf moderne Zeiten hingewiesen hätte, keinen Vergleich, der mit anderen Opfern, die der Gletscher freigegeben hatte, standhielt: kein Seil, keine Schneebrille, keine genagelten Schuhe oder Steigeisen, geschweige denn Karabiner, Haken oder Sturzhelm.

Markus Pirpamer war sich absolut sicher, der Tote

Markus Pirpamer, Wirt der Similaun-Hütte, verständigte die italie-
nischen Carabinieri, dann aber die österreichische Gendarmerie.

Die Fundstelle im unteren Teil des Similaun-Gletschers im oberen Ötztal an der Grenze zwischen Italien und Österreich.

Foto: Max Scherer

mußte für lange, lange Zeit im Eis eingefroren gewesen sein.

Welch seltsamer Zufall: Der Südtiroler Extrembergsteiger Reinhold Messner war in der Similaunhütte, weil er mit seinem Freund Hans Kammerlander auf einer Wanderung über alle Dreitausender-Gipfel der Südtiroler und der österreichischen Alpen unterwegs war und seine zwölfte Etappe hinter sich gebracht hatte. Er besichtigte den Fund und fotografierte ihn auch. Noch ein Zufall: Messner traf da oben mit dem Tiroler Historiker Hans Haid zusammen, und dieser ließ sich nur auf die Aussage ein, der Tote wäre möglicherweise länger als hundert Jahre im Eis gelegen.

MESSNER ALS HELD GEFEIERT

Samstag 21. und Sonntag 22. September 1991

Reinhold Messners cleveres Management informierte Südtiroler und italienische Zeitungen, die ihn fälschlicherweise als Entdecker der archäologischen Sensation feierten. Seine Vermutung war, der Tote könnte aus der Zeit um das 14. oder 15. Jahrhundert stammen. Und dann wurde gerüchteweise gleich eine Hypothese mitgeliefert: Der Mann aus dem Gletscher war vielleicht ein Gefolgsmann des Tiroler Herzogs Friedrich IV., des »Friedl mit der leeren Tasche«, der um das Jahr 1400 von einem verlorenen Kriegszug aus dem Süden zurückkam und durch die Ötztaler Alpen zog. Einer seiner Soldaten — die Axt, die man gefunden hatte, verursachte diese Gedanken — wäre vielleicht durch Steinschlag oder eine Lawine ums Leben gekommen.

Während sich in den österreichischen Zeitungen an diesem Sonntag nur kleine Notizen über die Auffindung eines »unbekannten Alpinisten« fanden, wurde die Weltöffentlichkeit durch Reinhold Messners Interpretation darauf aufmerksam, es könnte doch mehr hinter diesem Fund stecken.

Unterdessen waren die ersten Gendarmeriebeamten aus dem Ötztal eingetroffen und vermuteten ebenfalls, daß dieser Tote mindestens hundert Jahre im Eis eingefroren gewesen sein könnte. Er wurde bis zu den Hüften freigelegt. Es wurde angekündigt, daß am folgenden Montag bei entsprechenden Wetterbedingungen eine Bergung mit dem Hubschrauber geplant sei. Und dann hieß es: Klarheit über das Alter und die Identität der Leiche soll eine Untersuchung im Innsbrucker gerichtsmedizinischen Institut erbringen.

AUS DER WERKSTATT
DER ZEITUNGSMACHER

Montag, 23. September 1991

Routinemäßig meldete der italienische Krone-Korrespondent Dr. Bernhard Müller-Hülsebusch von den Berichten italienischer Zeitungen, Reinhold Messner habe nach dem »Yeti« im Himalaya wieder eine sensationelle Entdeckung gemacht. Sein Fernschreiben landete — ebenso routinemäßig — morgens auf meinem Schreibtisch.

Und dann ging es los. Wie alles geschah, sei aus der Werkstatt der Zeitungsmacher verraten. Pressefotograf Max Scherer wurde in Innsbruck mobilisiert und mit dem Fall beauftragt, hängte sich ans Telefon, sprach mit dem Besitzer der Similaunhütte und mit der Gendarmerie im Oberen Ötztal, und fand schließlich gegen Mittag dieses Tages eine Möglichkeit, zusammen mit einem Team des ORF hinauf auf den Similaun-Gletscher zu fliegen.

Mit Schwierigkeiten: Laut aktuellen Tiroler Bestimmungen dürfen Helikopter diese Höhenlage nicht mehr frequentieren, das Absetzen von Skitouristen wird nicht mehr zugelassen. In diesem besonderen Fall bekam »Heliair« aus Innsbruck mit Pilot Habringer eine Sondergenehmigung.

So also kam die für uns Zeitungsmacher erlösende Meldung, der Hubschrauber mit Max Scherer und seiner Ausrüstung an Bord sei unterwegs, und es bestünde die Hoffnung, noch rechtzeitig zum Andruck der

Vier Tage nach seiner Entdeckung war der mumifizierte Bronzezeitmensch freigelegt und zum Abtransport bereit.

Foto: Max Scherer/Kronen-Zeitung/Viennareport

Zeitung um 14.30 Uhr die ersten Fotos gefunkt zu bekommen.

Ein Föhnsturm hätte diesen Hubschrauber-Flug im letzten Augenblick beinahe verhindert. Der Wind ließ jedoch nach. Schlechtes Flugwetter war auch der Grund, warum Gendarmerie und Gerichtsmediziner erst an diesem Tag tätig werden konnten. Die Autofahrt dort hinauf ins Ötztal hätte eineinhalb bis zwei Stunden gebraucht, der Fußmarsch zum Gletscher — je nach Kondition — fünf Stunden und länger. Unmöglich, auf diese beschwerliche Weise einen ordentlichen und rechtzeitigen Zeitungsbericht zustande zu bringen. Denn Eile tut in unserem Beruf not.

Unterdessen war oben bereits ein Hubschrauber mit Gendarmen und dem Innsbrucker Gerichtsmediziner Prof. Henn gelandet, und zwar ebenso wie unser Hubschrauber auf italienischem Gebiet, das eigentlich NATO-Sperrgebiet ist.

Tatsächlich schaffte es Max Scherer, sich rechtzeitig in seinem Heimatort Schwaz in Tirol per Hubschrauber absetzen zu lassen, seine Filme zu entwickeln und die Fotos rechtzeitig in die Redaktion nach Wien zu funken. Es war eine Minuten- und Herzschlagangelegenheit. Zuvor waren schon Ersatzfotos mit einem Gletscher und dem Helden eines Filmes produziert worden — für den Fall, daß die Zeit nicht reicht.

Dieser Film gab unserem ersten Bericht, der international für Aufsehen sorgte, den Namen: »Der Mann, der aus dem Eis kam!« und war erst wenige Tage zuvor — welch seltsames zeitliches Zusammentreffen — im österreichischen Fernsehen gesendet worden. Es geht dabei um die Fiktion, daß in der Arktis ein Mann aus der Steinzeit aufgefunden, aus dem Eis geschnitten, wieder aufgetaut und zu neuem Leben erweckt wurde. Ein junger Wissenschafter gewinnt völlig neue Einblicke in das Leben vor 10.000 Jahren, freundet sich mit dem »Mann aus dem Eis« an, ehe alles daran scheitert, daß dieser unter den künstlichen Bedingungen, die man ihm geschaffen hatte, nicht mehr leben will, entflieht und im arktischen Eis ein zweites Mal ums Leben kommt.

Auch an diesem Montag wurde allmählich klar, der Mann, der vor etwa 500 Jahren ums Leben gekommen sein könnte, würde der Wissenschaft neue und bisher unbekannte Aufschlüsse liefern können. Nur: Zum Leben war er nicht mehr zu erwecken.

Seine Fotos waren freilich unterdessen in unserer Wiener Redaktion angekommen, die Druckmaschinen für die Dienstag-Ausgabe liefen bereits, als der »Mann, der aus dem Eis kam«, endlich ausgegraben und per Hubschrauber nach Innsbruck geflogen worden war.

ER IST 4000 JAHRE ALT!

Dienstag, 24. September 1991

Von da an überschlugen sich die Ereignisse: Weil bei der Bergung des angeblichen Alpinisten, der Gletscherleiche, eine Axt aus Bronze und ein Steinmesser gefunden worden waren, kam der Vorstand des Innsbrucker Universitätsinstituts für Ur- und Frühgeschichte, Dr. Konrad Spindler, zu der klaren Erkenntnis, daß der Fund in die frühe Bronzezeit zu datieren ist, der Tote vor etwa 4000 Jahren ums Leben gekommen sein dürfte.

Sollte sich das bewahrheiten, wäre das eine archäologische Weltsensation. Professor Konrad Spindler vermerkte auch, der Tote sei für diese unwirtliche Region optimal ausgerüstet gewesen. Er erwarte sich von dessen Habseligkeiten wichtige Rückschlüsse auf die damaligen Lebensumstände.

Weitere Gerüchte und Vermutungen: Das Steinmesser, so hieß es, könne darauf hinweisen, daß der »Mann aus dem Eis« womöglich aus der Steinzeit stammen könnte. Andere Experten vermeinten, das sei unmöglich, weil Menschen dieser frühen Zeit sich kaum in derart hochgelegene Regionen gewagt hätten. Die Angst vor bösen Geistern, der Aberglaube und die rauhe Wirklichkeit dort oben hätten sie davon abgehalten.

Der Innsbrucker Gerichtsmediziner Hans Unterdorfer konfrontierte die Öffentlichkeit mit seinen Erfahrungen, die älteste bisher gefundene Gletscherleiche sei nur hundert Jahre alt gewesen. Erst weitere Untersuchungen könnten Aufschluß über das genaue Alter des Toten geben.

Im übrigen: Zunächst war den Gerichtsmedizinern gar nicht klar, ob der Tote aus dem Eis männlichen oder weiblichen Geschlechts sei, wenngleich seine kriegerische Ausrüstung auf einen Mann schließen ließ. Doch: Der kleine Unterschied fehlte, der Penis war im Verlauf der Zeit offenbar »weggewittert«.

Noch eine Meldung dieses Tages. Das vordringlichste Problem war die Konservierung des Toten. Es kann sein, daß er schon wochenlang mit Kopf, Oberkörper und Armen aus dem Eis ragte, auftaute und sich deshalb Spuren des Verfalls an den »sterblichen Überresten« des frühen Tirolers, wie er an diesem Tag genannt wurde, eingestellt hatten. Durch die Radio-Carbon-Methode, so wurde vermeldet, werde schon sehr bald das exakte Alter des Toten ermittelt werden können.

Viele Spekulationen, auch über den möglichen Zweck dieses alten Menschen, in den Bergen unterwegs gewesen zu sein: War er auf der Suche nach Erz? — War er auf der Jagd? — Wollte er Kräuter suchen? — Prof. Konrad Spindler meinte scherzhaft in einem Fernsehinterview, der Mann, falls er ein Mann gewesen war, wäre vielleicht auch nur unterwegs gewesen, um eine Braut jenseits des Passes im nächsten Tal zu besuchen.

Rätsel und Überlegungen gab auch die Frage auf, wieso dieser Eismensch so gut erhalten geblieben war. Die Archäologen der Innsbrucker Universität äußerten eine interessante und höchst glaubwürdige Vermutung: Der Eismensch könnte auf irgendeine Weise gestorben oder verunglückt sein und durch herbstliche Föhnstürme, durch Kälte und Wind vor-mumifiziert worden sein. Ich schrieb an diesem Septembertag: »Es ist vermutlich Herbst gewesen, ein Herbst wie dieser, ehe sich der Schnee des Winters über den Toten breitete und ihn in den Gletscher versinken ließ.«

SPITZNAMEN FÜR DEN ALTEN MANN

Der Volksmund reagiert üblicherweise sensationell rasch auf sensationelle Ereignisse: So konnte es natürlich nicht ausbleiben, daß für den 4000 Jahre alten Mann Spitznamen gesucht wurden. »Ötzi« nach dem Ötztal war sehr bald im Gerede. Die deutschen Zeitungen nannten ihn den Alpen-Adam, die Tiroler natürlich den Ur-Tiroler, sogar »Schnalsi« nach dem Südtiroler Schnalstal wurde in die Diskussion eingebracht. Den Amerikanern blieb es wieder einmal vorbehalten, den unbefangensten Namen zu finden. Er heißt jetzt jenseits des großen Teichs »Frozen Fritz« — der gefrorene Fritz.

Die deutsche »Bild«-Zeitung verstieg sich gar zu dem Vergleich, der Gletschermann, weil in Leder gekleidet, sei ein Alpen-Rocker gewesen, dem nur noch die »Harley Davidson« gefehlt habe.

Selbst Witze werden bereits gerissen, die an Friesland und Burgenland gemahnen. Etwa dieser: »Ist der Eismensch ein Italiener oder Österreicher?« — Antwort: »Weder, noch — ein Burgenländer, der seinerzeit das Versteckenspiel gewonnen hat . . .«

Oder dieser: »Der kann kein Burgenländer gewesen sein, er hatte Stroh ja nur an den Füßen . . .«

Ins Kapitel »heiter bis tragisch« gehört auch die Behauptung einer Schweizerin, das sei in Wahrheit ihr Ehemann, der vor 20 Jahren am Similaun in eine Gletscherspalte fiel und ums Leben kam.

VIELE RÄTSEL,
WENIG ANTWORTEN

Mittwoch, 25. September 1991

Der sechste Tag nach der Auffindung des »alten Toten« brachte neue Erkenntnisse, ließ aber — klarerweise — viele Fragen offen. Deshalb schrieb ich an diesem Tag in der Zeitung: »Eine Rekonstruktion seines Schicksals in den Ötztaler Alpen vor etwa 4000 Jahren: So starb der ›Mann aus dem Eis‹.«

Der Bericht in Kurzfassung. Wissenschafter in aller Welt sind in heller Aufregung: Die mumifizierte Leiche des »Eismenschen aus der Bronzezeit« wird als einzigartige Sensation gewertet. Es gibt keinen vergleichbaren Fund. Doch wie lebte dieser Mann vor 4000 Jahren, und wie starb er? Diese Frage interessiert viele wohl am meisten. Die Forscher versuchen jetzt, sein Schicksal zu rekonstruieren.

Er war um die 30 Jahre alt, etwa 1,60 Meter groß, lebte zu Beginn der Bronzezeit irgendwo im Ötztal. Was ihn in die Berge hinauftrieb, dafür gibt es unterdessen einige plausible Erklärungen. Abgesehen von den am gestrigen Tag (24. 9.) genannten Gründen könnten es auch religiöse gewesen sein. Auf dem Rükken des Toten sind neun parallel verlaufende Tätowierungen zu sehen, von denen einige die Form eines Pfeiles aufweisen. Wollte er seinen Göttern opfern?

Der weitere Stand des Wissens an diesem Tag: Gut ausgerüstet, machte sich der Mann auf den Weg. Mit Kleidung aus feingegerbtem Leder und Fell, mit Lederschuhen, in die er zum Schutz gegen die Kälte Stroh gestopft hatte und die mit Schnüren bis zur Wade befestigt waren. Er hatte sein Steinmesser, seine Bronzeaxt, Pfeil und Bogen und in einer Umhängetasche Zunderschwamm und Feuerstein bei sich, um ein Lagerfeuer anzufachen. Sogar ein Schmuckstück oder ein Amulett: eine durchbohrte Steinperle mit Fransen.

Vielleicht ist die simpelste Erklärung der Umstände seines Todes auch die plausibelste: Unser Mann aus der Bronzezeit geriet in Schlechtwetter, kam vom Weg ab, verirrte sich und erfror. Es könnte im Spätherbst gewesen sein.

In den folgenden Tagen müssen Geier, Wölfe oder Füchse bei ihm gewesen sein, weil der Leichnam Zeichen von Fraßspuren aufweist.

Neuerlich meldet sich der Vorstand des Instituts für Ur- und Frühgeschichte der Innsbrucker Universität, Prof. Konrad Spindler, zu Wort: »Der Fund ist zweifellos von außerordentlicher wissenschaftlicher Bedeutung, deren Konsequenzen noch gar nicht abzuschätzen sind. Die Geschichte wird zwar nicht umgeschrieben werden müssen, erhebliche Erweiterungen der Kenntnisse über diesen frühen Abschnitt der Menschheitsentwicklung sind aber zu erwarten.«

Als wichtigstes Fundstück bezeichnete Prof. Spindler das Randleistenbeil mit Bronzeklinge, das typisch für den historischen Wechsel von der Stein- zur Bronzezeit ist.

Die oben erwähnten Tätowierungen auf dem Rükken, so wurde an diesem 25. September vermutet,

Mehr und mehr Schmelzwasser drang vom Gletscher her in die Fels-nische ein, in der der „alte Tote" lag.
Foto: Max Scherer/Kronen-Zeitung/Viennareport

könnten religiöse, aber auch Stammes- oder Standes-zeichen gewesen sein. Wegen der Einzigartigkeit des Fundes fehlt den Experten allerdings jede Vergleichs-möglichkeit.

Inzwischen herrscht Sorge um den »Mann, der aus dem Eis kam«: Wohl hat er Jahrtausende überstan-den, doch jetzt ist er plötzlich durch Pilze und Bakte-rien einem vielleicht unaufhaltsamen Zersetzungspro-zeß ausgesetzt. In aller Eile werden deshalb Maßnah-men für die Einbalsamierung und Konservierung vor-bereitet. »Jede Stunde ist dabei wertvoll«, sagen die Wissenschafter.

Deshalb wurde an diesem Tag noch mit der fachgerechten Konservierung des alten Leichnams begonnen. Er wurde, wie der Vorstand des Instituts für Anatomie an der Innsbrucker Universitätsklinik, Prof. Werner Platzer, mitteilte, »chemisch behandelt« und in einem Raum bei minus sechs Grad gelagert. Diese Temperatur entspricht jener im Inneren des Similaun-Gletschers, in dem sich der Tote während der — vermutlich — vergangenen 4000 Jahre befunden hatte.

Experten des Römisch-Germanischen Zentralmuseums in Mainz boten an diesem Tag an, nach Innsbruck zu kommen, den Fund zu begutachten und sagten ihre Hilfe bei den Konservierungsarbeiten zu. Prof. Platzer meinte jedoch, das Hilfsangebot sei nicht mehr nötig.

Archäologen begannen unterdessen damit, die Fundstelle am Similaun-Gletscher weiter zu untersuchen. Die Austria Presse Agentur vermerkte in ihrem aktuellen Bericht dieses Tages: »Auf viele offene Fragen wird es allerdings auch keine Antworten geben. Sie hat der bisher ›älteste Tiroler‹ mit in den Tod genommen.«

Dann tauchte sogar die Mutmaßung auf, der Eismensch könnte einem Mord zum Opfer gefallen und schon in mumifiziertem Zustand auf den Gletscher gebracht und dort bestattet worden sein.

PFEILE DES EISMENSCHEN GEFUNDEN

Donnerstag, 26. September 1991

Wieder ein ereignisreicher Tag mit einem nicht für möglich gehaltenen neuen Fund: es wurde der Lederköcher mit den Pfeilen des Eismenschen gefunden, und wieder unter höchst ungewöhnlichen Umständen.

Mein Bericht von diesem Tag, wieder kürzer gefaßt: Der »Eismensch« aus dem Ötztaler Similaun-Gletscher macht Schlagzeilen in aller Welt, und tatsächlich jagt eine Sensation die andere. Jetzt hat der Wissenschafter Prof. Gernold Patzl auch noch den Köcher und die Pfeile des Mannes aus der Bronzezeit gefunden, die bei der ersten Suche übersehen worden waren. Der Gletscherforscher war aufgestiegen, weil Hubschrauber-Einsätze wegen eines Föhnsturms nicht möglich gewesen waren.

Der Fall hat auch Schattenseiten: Streitereien, Unkenrufe, Zweifel unter den Wissenschaftern, teilweise auch Gespött eines mehr ungläubigen als staunenden Publikums.

Das Wichtigste jedoch zuerst: Der Köcher, den Prof. Gernold Patzl gefunden hat, ist aus Leder, mit feinen Streifen zusammengenäht, mit einer Holzlatte als Versteifung. Darin fanden sich 14 Pfeile mit einer Länge bis zu 75 Zentimetern.

»Es gibt keinen vergleichbaren Fund«, schwärmt Dr. Konrad Spindler. Er erlebt die beglückendsten

Ein weiterer Glücksfall für die Wissenschaft: Auch die Pfeile des Mannes aus der Bronzezeit wurden gefunden — samt Lederköcher.
Foto: Max Scherer

Tage seiner beruflichen Laufbahn. »Manche der Pfeile sind gefiedert; wir untersuchen jetzt, woraus die Spitzen bestehen, aus Feuerstein oder Bronze.« Die Klärung ergibt einmal mehr wichtige Aufschlüsse über die Datierung des Fundes und die Lebensweise unserer Urahnen.

Während einer Presse- und Fotokonferenz im Universitätsgebäude forderten inzwischen aus aller Welt angereiste Journalisten von den Wissenschaftern, sie mögen doch die Pfeile aus dem Köcher ziehen. Das wurde strikt mit dem Hinweis abgelehnt, es müßten erst Röntgen-Aufnahmen gemacht werden, ehe die Pfeile vorsichtig aus dem Lederköcher herausgezogen werden.

Köcher und die siebzig Zentimeter langen Pfeile: Gerichtsmediziner Prof. Rainer Henn nimmt Maß.

Foto: SNS, Innsbruck

Die Botaniker der Universität Innsbruck interessieren jetzt noch ganz andere Dinge: Sollte der Tote tatsächlich 4000 Jahre alt sein, ergäben sich auch für diesen Wissenschaftszweig ganz neue Perspektiven.

Nie zuvor ist ein Stück Eis gefunden worden, von dem man sicher sein konnte, aus welcher Zeit es genau stammt. In jenem vom Similaun-Gletscher müssen Pollen eingeschlossen sein, die auf den Zustand der damaligen Vegetation schließen lassen.

EINE LEICHE VOR MESSNERS HAUSTÜR?

In die Rubrik »Heiterkeit« passen jene Gerüchte, die jetzt im Zusammenhang mit diesem archäologischen Fund kursieren: Man hätte dem Extrem-Bergsteiger Reinhold Messner, der sich seinerzeit schon mit seiner Yeti-Geschichte blamiert hatte, eine »Leiche vor die Haustür gelegt«. Er hielt sich bekanntlich während seiner Wanderung durch die Berge Tirols in der Similaun-Berghütte auf und machte die ganze Sache publik.

Wer jedoch sollte, und vor allem wo, einen sehr alten Toten stehlen, sich Bronzezeit-Werkzeug beschaffen — nur um Messner hereinzulegen?

»Hat sich da jemand einen makaberen Scherz erlaubt, eine Mumie im Eis deponiert?« fragt die »Münchner Abendzeitung« voller Skepsis und meint damit den »Yetiisten« Messner. Gleichzeitig wird vermeldet, es regten sich auch leise Zweifel in der Wissenschaft an der Echtheit des Mannes, der aus dem Eis kam.

Manche Gletscherforscher können sich nicht vorstellen, daß im ewigen Eis, welches langsam, aber stetig in Bewegung ist, der »Alpen-Adam«, wie er auch genannt wird, 4000 Jahre lang eingeschlossen war und jetzt wieder ausgespuckt worden sein soll.

»Auch wenn sich das Gletschereis innerhalb weniger hundert Jahre erneuert, gibt es überall Nischen, in denen Eisblöcke mit eingeschlossenen Objekten unbeschadet Tausende von Jahren überdauern können«, meint dazu der Münchner Gletscherforscher Prof. Ingo Schäfer. Kollegen widersprechen: Zweifel bleiben offen.

WEM GEHÖRT DER EISMENSCH?

Ein sinnloser Streit, wohl aus Prestige- und Finanzgründen erwachsen, entbrannte an diesem Tag um die Frage: »Wem gehört der Gletschermensch eigentlich?« Der Bürgermeister von Sölden im Ötztal, zu dessen Gemeindegebiet auch die Ortschaft Vent und die Fundstelle gehören, erhob ebenso Ansprüche wie die Republik Österreich via »Bundesforste«, die dort Grundeigentümer ist. Ein Sprecher der Bundesforste in Innsbruck verwies auf die gesetzlichen Bestimmungen, wonach bei einem Schatzfund jeweils die Hälfte dem Finder und die andere Hälfte dem Grundeigentümer zustehe. Deshalb könnte der »alte Tote« möglicherweise in einem der Bundesmuseen in Wien seine letzte Ruhestätte finden.

Es sollte alles anders kommen ...

AUCH ITALIEN WILL DEN EISMENSCHEN

Freitag, 27. September 1991

»Streit bis aufs Messer um den sensationellen Fund, jetzt will sogar Italien den Eismenschen«, schrieb ich an diesem ereignisreichen Tag. Der Mann aus der Bronzezeit hat jetzt sogar einen Grenzkonflikt ausgelöst: »Die Mumie wurde eindeutig auf italienischem Staatsgebiet gefunden, etwa 60 Zentimeter von der Grenze entfernt«, schreibt die in Bozen erscheinende Zeitung »Alto Adige«. Deshalb könne Italien den Sensationsfund aus dem Gletscher für sich beanspruchen. Der Eismensch wird zum Politikum.

Auch der Südtiroler Extrembergsteiger Reinhold Messner nahm auf der italienischen Seite des Brennerpasses zum Grenzstreit Stellung und erklärte: »Ich führe bei meinen Bergtouren zwar keine Navigationsgeräte mit, aber ich weiß genau, daß die Fundstelle auf Südtiroler Seite liegt.« Er wolle mit seiner Aussage jedoch keinen Streit darüber anzetteln, welches Land über die besseren Archäologen verfüge. Und dann Messner wörtlich: »Ich bin sicher, der Fund, der eigentlich der ganzen Menschheit gehört, ist in Österreich gut aufgehoben.«

Markus Pirpamer, der Wirt der Similaunhütte, die tatsächlich auf italienischem Gebiet liegt, hat nach der Auffindung des Eismenschen zunächst die italienischen Carabinieri verständigt. Als diese jedoch erfuhren, daß der Tote im Grenzgebiet liegt, gaben sie den

Tip, sich doch besser an die österreichischen Behörden zu wenden. Und so geschah es dann auch.

Die Gendarmerie in Sölden äußerte hundertprozentig die Überzeugung, der Mann aus dem Eis sei auf österreichischem Gebiet gelegen. Alpingendarmen wurden in die Berge geschickt, um die Fundstelle vor Souvenirjägern zu schützen.

Auch der Chef der italienischen Zollverwaltung, der eigentlich über den Grenzverlauf Bescheid wissen sollte, war an diesem Tag der Ansicht, der »Homo tyroliensis«, wie er inzwischen genannt wurde, sei auf österreichischem Territorium gefunden worden.

Am späten Nachmittag des 26. September meldete sich auch das italienische Regierungskommissariat zu Wort, das die Interessen Roms in Südtirol vertritt, und war derselben Ansicht.

STOLZ ÜBER DEN ALTEN TIROLER

Tirols Landeshauptmann Alois Partl forderte nachdrücklich, der Mann aus dem Eis müsse in Tirol bleiben, und er würde alles Nötige dazu unternehmen. Im übrigen sei er stolz darauf, daß dieser Gletschermann als ältester Vorfahre der Tiroler auch dort seine letzte Ruhestätte finden solle.

»Wir geben den Ötztaler Eismann nicht her, weder nach Wien noch nach Rom«, formulierte auch der Tiroler Wirtschafts-Landesrat und ÖVP-Obmann Wendelin Weingartner seinen Standpunkt. »Es werden alle rechtlichen Möglichkeiten ausgeschöpft, damit der Similaun-Mann in seiner Heimat bleiben kann. Ich erteile jedem Versuch eine klare Absage, den Ur-Tiroler ausbürgern zu wollen.« Und weiter: Die Tiroler seien durchaus in der Lage, den einzigartigen Fund entsprechend zu sichern und der Nachwelt zu erhalten. Wenn internationale Experten zur Begutachtung und Erhaltung nötig seien, sollen sie — »gefälligst« (Anm. des Autors) — nach Innsbruck kommen.

Unterdessen fand im Wissenschaftsministerium am Minoritenplatz in Wien eine Sitzung statt, in der unter Vorsitz von Minister Erhard Busek das weitere Vorgehen in »Sachen Eismensch« besprochen wurde. Mit dabei Prof. Werner Platzer, Vorstand des Instituts für Anatomie in Innsbruck, unter dessen Obhut sich die 4000 Jahre alte Leiche befand, weiters Vertreter des Bundesdenkmalamtes und zahlreiche Wissenschafter. Die Kommission war spontan eingesetzt worden, um die genaue Rechtslage zu klären und festzulegen, welche Untersuchungen durchzuführen und wie die gefundenen Gegenstände geprüft und restauriert werden sollen.

ES IST DOCH EIN MANN

Was es an diesem Tag sonst noch an Neuigkeiten gab:
Nach den ersten genauen medizinischen Untersuchungen stand zweifelsfrei fest, was ohnedies schon
jeder ahnte, weil es vermutlich keine Amazonen in
dieser Zeit gegeben hat: daß der Gletschermensch ein
Mann ist.

Gerüchteweise sickerte auch durch, es seien bei der
Computer-Tomographie Anomalien im Gehirn des
Toten aus dem Eis gefunden worden. Bei dieser
Methode wird der Körper gleichsam in Scheiben geschnitten und jede davon auf dem Bildschirm visualisiert. Und wieder wurde spekuliert: War der Mann
aus der Vergangenheit vielleicht geisteskrank, ein
Ausgestoßener? Und dann noch: In den Bergen fiel
Schnee, weitere Suchaktionen nach Ausrüstungsgegenständen mußten aufgeschoben werden.

EIN SCHERZ IST
AUSGESCHLOSSEN

Samstag, 28. September 1991

»Es ist völlig ausgeschlossen, daß sich jemand im Tiroler Ötztal einen Scherz erlaubt hat«, erklärte der aus der ehemaligen DDR stammende Professor Konrad Spindler. Für ihn war von Anbeginn klar, daß der Tote vom Similaun-Gletscher ein Mensch aus der Bronzezeit war. Alle Überlegungen, jemand hätte Reinhold Messner einen Streich spielen wollen, waren wohl mit dieser Aussage entkräftet.

Inzwischen konnte der Pilzbefall, der sich nach der Bergung am Körper der Mumie auszubreiten begann, gestoppt werden. Trotz dieser geringen Schwierigkeiten, so meinte Konrad Spindler, sei der Tote vom Similaun-Gletscher in seinem Erhaltungszustand einzigartig. Im Vergleich zu den verschiedenen Moorleichen aus dem norddeutschen Raum seien vor allem die Hautpartien bei weitem besser konserviert.

Vorsichtige Untersuchungen des alten Toten können Aufschlüsse über die Konstitution des Mannes, vielleicht sogar über die Krankheiten der Menschen in der Bronzezeit geben.

Spindler bezeichnete auf die Frage von Reportern hin die »Begegnung mit diesem Toten« als die aufregendsten Stunden seines Lebens. Überdies seien einige Fundstücke einzigartig in der Welt, Sensationen für die Forschung. Als wissenschaftlichen Namen des Frühmenschen schlug der Professor »Mann vom

Hauslabjoch« vor, dem kleinen Paß, der nicht weit vom Similaun-Gletscher nach Italien führt.

Apropos, Italien: Beamte der Südtiroler Zollwache stellten an diesem Tag fest, der Fundort sei eindeutig Nordtiroler, österreichisches Gebiet.

Am späten Nachmittag trafen im Gebiet des Similaun österreichische und italienische Gendarmen zusammen, um die Streitfrage »richtiger Grenzverlauf« zu klären. Die Landkarten, die beide Seiten mitbrachten, divergierten jedoch so sehr, daß es zu keiner endgültigen Klärung kam, auf welcher Seite der Mann im Eis gelegen war.

Trotz neuer Schneefälle wurde die Suche auf dem Gletscher nach weiteren Ausrüstungsgegenständen fortgesetzt.

DOCH EIN ITALIENER?

Sonntag, 29. September 1991

Die Kontroversen um den genauen Fundort des Mannes im Eis gingen vehement weiter. Jetzt wurde vorgeschlagen, eine internationale Geometerkommission möge Vermessungen vornehmen und den präzisen Grenzverlauf festlegen. Sollte der Fundort tatsächlich auf italienischer Seite liegen, könnte die Regierung in Rom Besitzansprüche geltend machen.

In diesem Fall, so kündigte Tirols Landeshauptmann Alois Partl an, werde er sich mit der Südtiroler

Landesregierung ins Einvernehmen setzen. Seiner Ansicht nach aber sei es letztlich egal, ob der »Similaun-Mann« ein paar Meter von der Grenze entfernt auf dieser oder auf der anderen Seite entdeckt worden war. Er war in jedem Fall ein Ur-Tiroler, und alle weiteren Streitigkeiten um den Fund seien unwürdig.

Als endgültigen Aufbewahrungsort für den Bronzezeit-Menschen schlug der Landeshauptmann das Tiroler Landesmuseum »Ferdinandeum« in Innsbruck vor.

GEBT DEN TOTEN HER!

In den italienischen Tageszeitungen wurde an diesem Tag die sofortige Herausgabe der Gletscherleiche gefordert. Die Südtiroler Landesregierung kündigte an, sich am Montag mit der Situation auseinanderzusetzen. Ein Sprecher verwies auf das Autonomie-Statut, nachdem die sterblichen Überreste des urzeitlichen Menschen Südtirol zustünden.

RECHTSANWALT
EINGESCHALTET

Montag, 30. September 1991

Das Nürnberger Ehepaar Simon, das den Similaun-Mann am Donnerstag, den 19. September entdeckt hatte, beauftragte einen Innsbrucker Rechtsanwalt mit der Wahrung seiner Interessen. Nach österreichischem Recht wäre die Sache völlig klar, würde es sich um einen Goldschatz handeln. Dann stünde die Hälfte des Wertes dem Entdecker und die andere dem Grundeigentümer zu. Doch welchen materiellen Wert hat ein 4000 Jahre alter Toter?

In Innsbruck wurde beschlossen, eine bilaterale Kommission aus Vermessungstechnikern und Vertretern der italienischen und österreichischen Behörden in die Berge zu entsenden, um den Grenzstreit zu klären, für den Fall, daß das Wetter mitspielt. Aus Wien wurden alte Urkunden über den Grenzverlauf nach Innsbruck geschickt.

In Bozen trat die Südtiroler Landesregierung wegen des Eismenschen zu einer Sitzung zusammen. Sollte der Fund auf Südtiroler Seite gemacht worden sein, stünde nach den Bestimmungen des Autonomierechtes der Leichnam dem Land Südtirol und nicht dem italienischen Staat zu. Landeshauptmann Luis Durnwalder schlug als Namen für den Mann »Homo tyroliensis« vor und vertrat die Meinung, die Untersuchungen sollten in jedem Fall in Innsbruck fortgesetzt werden.

Südtirol verfügt nämlich weder über eine Universität noch ein gerichtsmedizinisches Institut, weshalb in den Zeitungen schon früher kommentiert worden war, es sei ohnedies besser gewesen, die Österreicher hätten den Mann ausgegraben.

ANSTECKUNGSGEFAHR?

In Wien wurde eine Kommission mit hochkarätiger Besetzung im Wissenschaftsministerium eingerichtet. Eines der ersten Ergebnisse: Der Tote soll vorerst nicht mehr öffentlich gezeigt werden, solange nicht feststeht, von welcher Pilzart er befallen war.

Es wurde sogar die kuriose Vermutung geäußert, es könnten unbekannte, bronzezeitliche Schimmelpilze sein, die womöglich ansteckend sind.

Der Pressesprecher des Wissenschaftsministers Dr. Erhard Busek meinte zur Frage, wem der Eismann jetzt gehöre, das Ministerium vertrete die Rechtsauffassung, daß Österreich in jedem Fall die »Verwahrungspflicht« für die Leiche habe, da diese österreichischen Stellen übergeben worden war.

Überdies wurde beschlossen, die Ausrüstungsgegenstände des Eismenschen nach Mainz zu bringen, weil am dortigen Forschungszentrum für Frühgeschichte die optimalen Voraussetzungen für Untersuchung und Konservierung bestehen. Sicherheitshalber werden jedoch drei Restauratoren aus Österreich mitentsandt.

DIE ITALIENER KOMMEN!

Dienstag, 1. Oktober 1991

Um den Grenzstreit zu klären, entschloß sich die italienische Seite dazu, ein Vermessungsteam des militärgeographischen Instituts in Florenz ins Ötztal zu entsenden.

Aus dem anatomischen Institut in Innsbruck wurde vermeldet, der Pilzbefall an der Gletschermumie sei durch zweimaliges Bestreichen mit einer Carbollösung deutlich erkennbar zurückgegangen. Konkrete Ergebnisse, welche Schimmelpilze es waren, wurden für die nächste Woche angekündigt. Unterdessen lagert der alte Tote weiterhin bei minus sechs Grad.

EXPERTEN MIT HALBSCHUHEN INS EIS

Donnerstag, 3. Oktober 1991

Vergeblich warteten österreichische Vermessungsingenieure und Gendarmen, italienische Carabinieri und Journalisten bei minus zehn Grad am Similaun-Gletscher: Die Experten des militärgeographischen Instituts in Florenz, die den Grenzverlauf vermessen sollten, kamen und kamen nicht.

Der Hauptgrund war, daß ein Hubschrauberflug von Südtirol aus in die 3200 Meter Höhe wegen zu

Geometer an der Arbeit: Der Grenzverlauf zwischen Südtirol und Nordtirol wurde wegen des Eismenschen neu vermessen.
Foto: Max Scherer

*Der umstrittene Grenzstein Nr. 36: Hat er sich durch Witterungsein-
flüsse im Laufe der Zeit verschoben?*
Foto: Max Scherer

starker Windböen nicht möglich war. Daraufhin fuhr
das dreiköpfige Team mit dem Auto nach Nordtirol,
gelangte über Sölden im Ötztal nach Vent, der dem
Similaun-Gletscher nächstgelegenen Ortschaft.

Die Militärgeographen aus Florenz waren in Halb-
schuhen angereist, in Anzug und Krawatte. Dort sa-
hen sie sich mit der Aussicht auf einen sechsstündigen
Fußmarsch konfrontiert — und hämisch grinsenden
Einheimischen, die ihnen den schmalen Steig hinauf
zur Similaun-Hütte beschrieben.

Nach kurzer Beratung trafen die drei den einstim-
migen Beschluß, auf den Ausflug in die Tiroler Berge
zu verzichten und schnellstens in den Süden zurück-

zukehren — zumal inzwischen die österreichische Grenzkommission mit dem Hubschrauber bereits auf dem Weg zurück ins Tal war.

FUND DOCH IN ITALIEN

Die Vermesser aus Wien hatten ihren Florentiner Kollegen unterdessen die Arbeit abgenommen und waren nach Durchsicht der unterschiedlichen Landkarten und der Besichtigung einiger Grenzsteine zu der Erkenntnis gekommen: Der Eismensch war 92 Meter jenseits der österreichischen Grenze auf Südtiroler Gebiet gefunden worden.

Entscheidend dafür war die Messung zwischen dem Grenzstein Nummer 36 und Nummer 37. Prompt stellte sich die Frage: Hat sich eine dieser Markierungen durch Erdbewegungen verschoben?

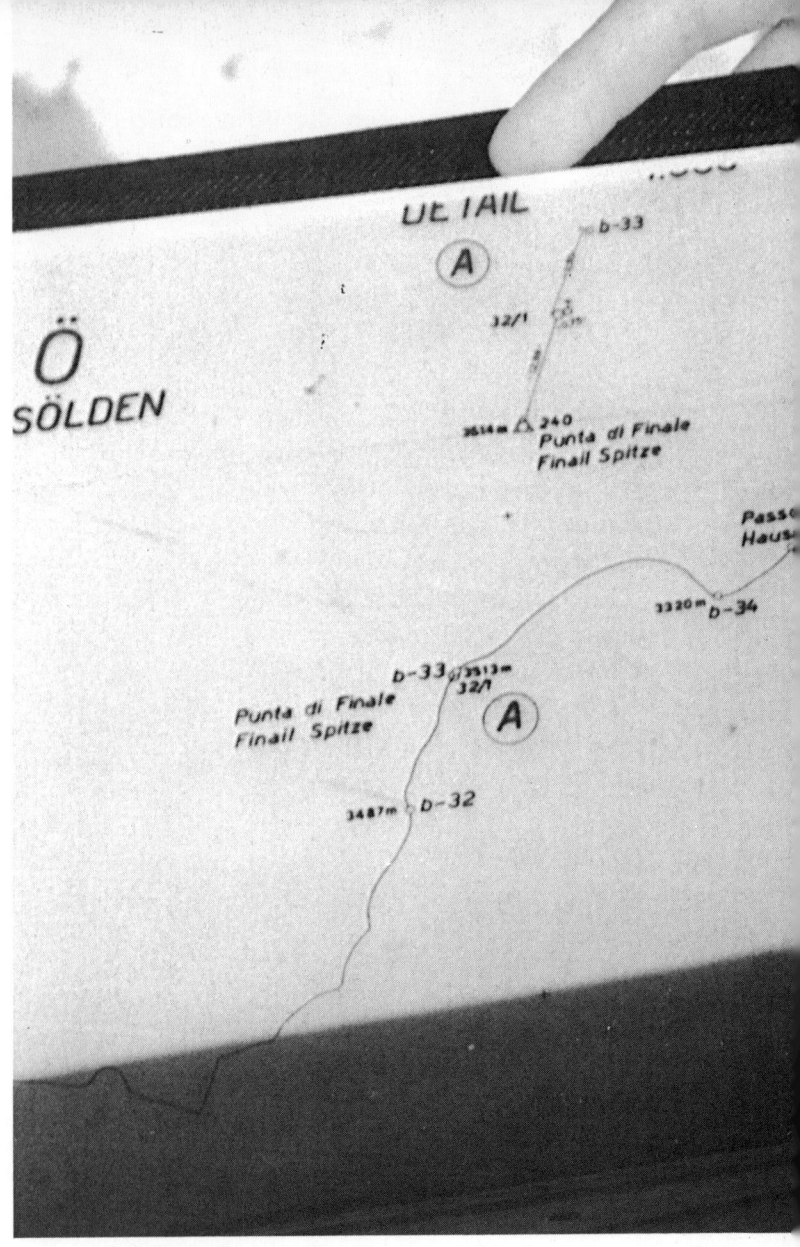

Detail aus der Grenzplan-Karte: Zwischen den Steinen 35 und 37 gibt es einen eigentümlichen Knick.

Foto: Max Scherer

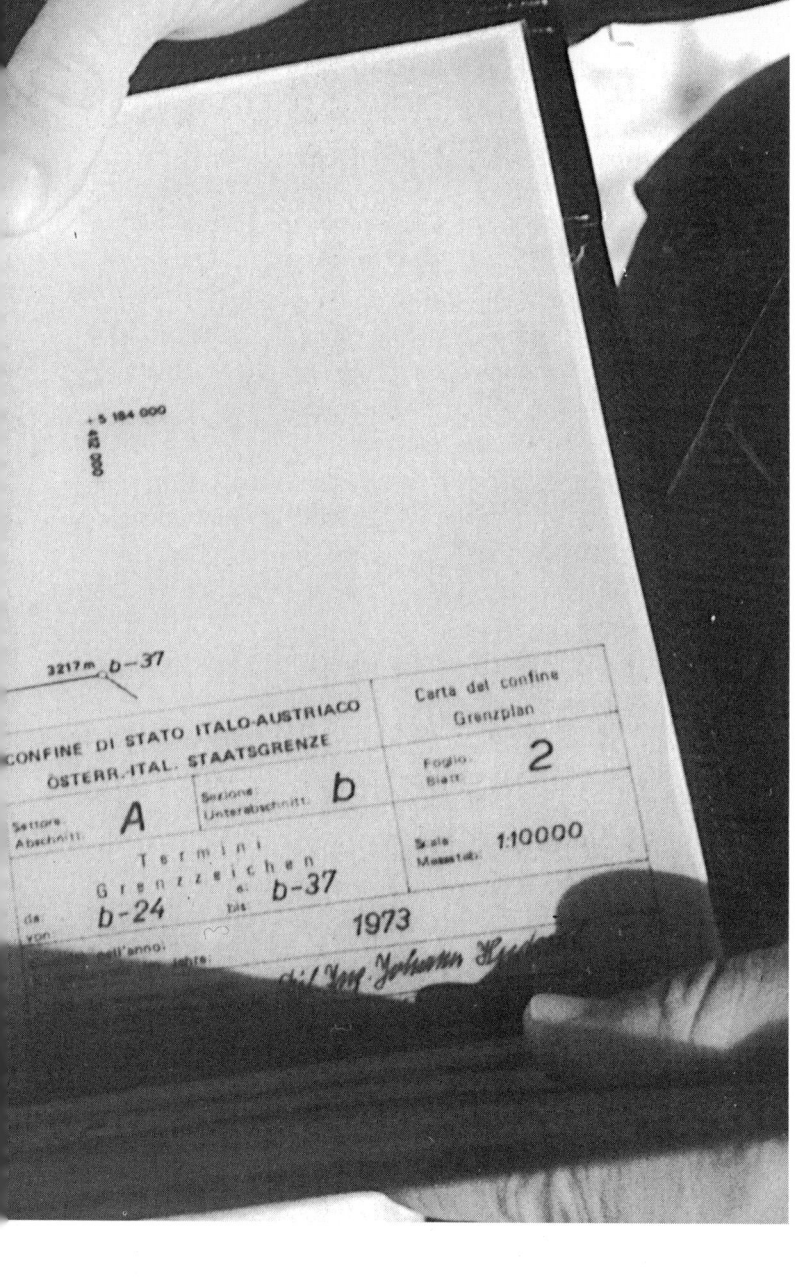

GENDARMEN MÜSSEN HUNGERN

Eine kuriose Meldung zum Tage: Seit der Fall und der Grenzverlauf »offiziell« geworden waren, gerieten die Tiroler Gendarmen, zum Schutz gegen Plünderer an die Fundstelle abkommandiert, in arge Not mit der Versorgung. Die Tiroler Zollhütte hat weder Strom noch Wasser und ist auch nicht mit dem nötigen Proviant versorgt.

»Wozu auch, wir können ja in der nur 50 Meter entfernten Similaun-Hütte essen«, dachten die Beamten. Erst jetzt, urplötzlich, stellte sich das Problem: Amtspersonen aus Österreich durften die Grenze nicht mehr überschreiten, wie sie ein älterer Carabinieri-Brigadier wissen ließ.

So mußten die Tiroler Gendarmen ihre Abzeichen überkleben — dann erst durften sie essen gehen.

An diesem Tag telefonierte Redakteur Christian Hauenstein auch mit dem Hüttenwirt Lois Pirpamer und dessen Sohn Markus. Markus meinte scherzhaft: »Wenn ich gewußt hätte, was das alles auslöst, hätte ich den alten Toten mit Schnee und Eis bedeckt und niemandem etwas erzählt.« Denn Tag und Nacht steht in der Similaun-Hütte das Telefon nicht mehr still.

DA IST WAS FAUL IM GRENZVERLAUF

Freitag, 4. Oktober 1991

Wo verläuft nun die richtige Grenze? — Der Konflikt nimmt kein Ende. Im Vertrag von St-Germain aus dem Jahre 1919, bei dem die Abtrennung Südtirols vereinbart wurde, ist festgelegt, daß die Wasserscheide das entscheidende Kriterium zu sein habe. Was südwärts fließt, gehört zu Italien, was nordwärts rinnt, zu Nordtirol.

ZUM VERTRAG VON ST-GERMAIN

Daß die Wasserscheide allein die Grenze zwischen Österreich und italienischem Staatsgebiet markiere, dem widersprach Hans Kalouza, der zuständige Beamte des »Bundesamtes für Vermessungswesen« in Wien. »Die Grenze wurde seit den Verträgen von 1919 oft geändert und ist zuletzt per Staatsvertrag im Jahre 1973 festgelegt worden.«

Man unternahm damals eine Anpassung an markante Geländelinien, und Hans Kalouza war auch die Aufregung um den angeblich zeitweise verschollenen Grenzstein 36 nicht ganz klar. »Selbst wenn man zwischen dem Stein 35 und der Nummer 37 eine Linie zieht, lag der Tote immer noch 23 Meter in Italien.«

Zu dem mit Sicherheit erwarteten Rechtsstreit gaben Juristen der »Fakultät für Zivilrecht« in Innsbruck folgende Stellungnahme ab: Italien hat zwar einen Rechtsanspruch auf den Fund, dieser kann jedoch nicht exekutiert werden. Die Regierung im Rom kann also nicht auf Herausgabe des Gletschermannes pochen, höchstens auf eine »moralische« Verpflichtung.

Beispiele dafür sind in allen Museen der Welt zu finden: Die Briten müßten Berge von Schätzen an Ägypten und Griechenland zurückgeben. Der halbe Louvre in Paris wäre leer, müßte herausgerückt werden, was allein Napoleon in ganz Europa zusammengestohlen hat. Ganz zu schweigen von den Kunstschätzen, die in Mexiko und im Land der Inkas geplündert wurden und über Museen in aller Welt verstreut sind.

Nach Angaben von Innsbrucker Gletscherforschern wird jener Teil, auf dem der Similaun-Mann gefunden worden war, eindeutig zum Inn entwässert, also nach Norden.

Aus dem Grenzstreit versuchten an diesem Tag auch die italienischen Grünen Kapital zu schlagen und verlangten die sofortige Überführung aller Funde nach Italien.

Die Ausrüstungsgegenstände des Bronzezeit-Menschen, unter ihnen Pfeile und ein Bogen, die Axt, Bekleidungsreste usw., wurden mit einem Spezialtransport ins Römisch-Germanische Zentralmuseum nach Mainz gebracht.

NEUE FUNDE UND NEUER ZWIST

Samstag, 5. Oktober 1991

Der Bronzezeit-Mann hält Wissenschafter, Zeitungsredakteure und Behördenvertreter weiter in Atem: Weil das Wetter besser wurde, konnte die Suche im Similaun-Gletscher fortgesetzt werden, und tatsächlich kamen neue Funde zutage: So die Reste einer Strohmatte und der Fellbekleidung. Das gab Anlaß zu neuen Überlegungen: Hat der urzeitliche Tiroler hoch in den Bergen ein Lager aufgeschlagen? Sollte das der Fall gewesen sein, könnte er sich wirklich auf einen längeren Aufenthalt im Hochgebirge, etwa auf der Suche nach Erz, eingerichtet haben.

Um in tiefere Eisschichten vorzustoßen, hatten die Wissenschafter einen Dampfbohrer eingesetzt. Auch eine Pumpe war hinauftransportiert worden, weil es bei der Bergung der Mumie einen Wassereinbruch gegeben hatte.

CARABINIERI ALS PLÜNDERER

Die Gerüchte, die tags zuvor aufgetaucht waren, bestätigten sich: Italienische Carabinieri hatten die Fundstelle geplündert und einige Gegenstände nach Südtirol geschafft. Sie dürften den Konservatoren in Bozen übergeben worden sein.

Landeshauptmann Durnwalder plante, in kürzestmöglicher Zeit den Gletschermann im Südtiroler Landesmuseum für Archäologie auf Schloß Tirol auszustellen. Er ahnte noch nicht, daß die Untersuchungen noch viele Jahre in Anspruch nehmen werden.

WINTEREINBRUCH, GRABUNG GESTOPPT

Montag, 7. Oktober 1991

Erst im Frühjahr des Jahres 1992 können weitere Grabungen durchgeführt werden. Das Wetter in den Ötztaler Alpen hat sich verschlechtert, es hat geschneit, ist kalt geworden. Die Wissenschafter hoffen auf viel Schnee, damit etwaige Funde nicht vom Wind vertragen werden. Sobald es die Wetterbedingungen zulassen, soll der gesamte Innenraum jener Felsvertiefung, in der der Eismensch gefunden worden war, Millimeter für Millimeter, freigelegt werden.

Vorsorglicherweise wurde bei Abschluß der Grabungsarbeiten Schmelzwasser in die Fundstelle geleitet, das in den nächsten Tagen bei den derzeit herrschenden Temperaturen frieren und möglicherweise noch vorhandene Ausrüstungsgegenstände über den Winter konservieren wird.

HOHER BESUCH BEIM EISMANN

Dienstag, 8. Oktober 1991

Die beiden Tiroler Landeshauptleute Alois Partl und Luis Durnwalder besuchten gemeinsam den Eismenschen im Innsbrucker Anatomischen Institut. Es war eine Geste der Versöhnung, weil eine Vereinbarung darüber abgeschlossen werden sollte, die wissenschaftlichen Untersuchungen offiziell der Universität Innsbruck zu übertragen. 1992 soll eine gemeinsame wissenschaftliche Publikation Nord- und Südtirols erscheinen. Auch auf einen gemeinsamen Namen des Mannes einigten sich die beiden Politiker: Er wird als »Homo tyroliensis vom Hauslabjoch« bezeichnet werden.

Unterdessen herrscht an den Instituten der Universität Innsbruck Hochbetrieb. Es wird diskutiert, telefoniert, abgesprochen, wie es weitergehen soll. Der Leiter der Eismenschen-Kommission, Prof. Dr. Platzer, ist der völlig richtigen Auffassung, daß es nicht darum gehe, möglichst schnelle, sondern möglichst detaillierte und wissenschaftlich fundierte Ergebnisse zu erzielen. »Das sind wir der Welt schuldig«, erklärte der Wissenschafter an diesem Tag.

Es habe daher keinen Sinn, mit Untersuchungen zu beginnen, ehe nicht die besten internationalen Fachleute zur Verfügung stünden. Das sollte keine Schwierigkeit sein, weil zahlreiche Kapazitäten und ihre Teams bereits Interesse bekundet haben. Die Wissenschafter kommen aus ganz Europa und auch Übersee.

Aber, so Prof. Platzer, es mangelt auch nicht an Trittbrettfahrern, die hier eine Chance wittern, zu Ansehen zu kommen.

STACHELDRAHT GEGEN SOUVENIRJÄGER

Donnerstag, 10. Oktober 1991

Um die Fundstelle des Gletschermannes vor Souvenirjägern abzusichern, ordnet der Bürgermeister der Südtiroler Gemeinde Schnals an, Stacheldraht zum Hauslabjoch zu bringen. Schlechtwetter jedoch verhindert die Aktion der Alpingendarmen.

DIE WELT DER WISSENSCHAFT STEHT KOPF

Kaum wurde die Nachricht von dieser einmaligen Entdeckung in den Ötztaler Alpen über die Presseagenturen in alle Welt getragen, war in der Universität Innsbruck der Teufel los. Wissenschafter aus zahlreichen Ländern wollten Näheres erfahren, wollten nach Tirol kommen, um den Gletschermann zu sehen, boten ihre Hilfe bei der Untersuchung der Funde an.

Es mußte eine weitere Telefonleitung gelegt werden, weil die Anlage den vielen Anrufen nicht standhielt. Mehr und mehr Zeitungsreporter und Fotografen trafen ein, und als der »Mann aus dem Eis« erstmals öffentlich gezeigt wurde, war der Seziersaal im Gerichtsmedizinischen Institut gesteckt voll. Schlagartig war Innsbruck zum »Nabel der Welt der Wissenschaft« geworden.

PS: Inzwischen sind mehr als 100 Forscher an dem »Projekt Gletschermann« beteiligt.

MEHR ALS 5000 JAHRE ALT

Donnerstag, 5. Dezember 1991

Die ersten Analysen nach der Radio-Carbon-Methode sind eingetroffen, und sie liefern eine Überraschung: Der Mann vom Similaun-Gletscher dürfte vor 4616 bis 4866 Jahren gestorben sein. Inzwischen liegen jedoch Untersuchungen von anderen Instituten vor, die ein Alter von 4500 bis 5500 Jahren bescheinigen. Man könnte sich also auf etwa 5000 Jahre einpendeln. Darüber wird ein Wissenschaftergremium befinden, das zusammentritt, sobald alle C-14-Untersuchungen eingelangt sind.

DIE AXT IST AUS KUPFER!

Mittwoch, 11. Dezember 1991

Bei einer Diskussionveranstaltung an der Universität Wien warteten die Wissenschafter mit einer weiteren

Sensation auf: Die metallurgische Untersuchung der Axt hat ergeben, daß diese nicht aus Bronze, sondern aus Kupfer mit Spuren von Arsen und Silber besteht. Der »Mann aus dem Eis« ist also nicht der Bronzezeit, sondern der Jungsteinzeit zuzuordnen, die man früher auch als Kupferzeit bezeichnete.

Dazu Univ.-Prof. Konrad Spindler: »Bisher wurden nur zwei solche Äxte gefunden, eine in Kroatien, die andere in der Schweiz. Das Ötztal liegt also ziemlich genau in der Mitte.«

Das Metall wirkt gehämmert, kalt geschmiedet, vielleicht aus einem Kupfernugget hergestellt (der größte Klumpen aus reinem Kupfer, der je gefunden wurde, war immerhin fünf Meter lang). Auch eine andere Möglichkeit ist denkbar: Die Axt wurde vielleicht vorgegossen und dann durch Hämmern fertiggestellt. Sie hat erstaunlicherweise schon die Form der »Randleistenbeile«, die später in der Bronzezeit gang und gäbe waren.

DER KÖCHER WIRD GEÖFFNET

Donnerstag, 19. Dezember 1991

Mit großer Spannung wurde im Januar 1992 die Öffnung des Köchers unseres Gletschermannes in Mainz erwartet. Sie fand unter größter Medienbeteiligung statt, nachdem, wie schon erwähnt, zuvor akribische Röntgenuntersuchungen stattgefunden hatten. Zunächst eine Korrektur des alten Wissensstandes: Es war eigentlich ein Fellköcher und kein Lederköcher, weil noch Reste von Tierhaaren zu finden sind.

Sensationell der Inhalt: Zwei steinerne Pfeilspitzen, zwei fertige Pfeile mit Federresten am Ende, zwölf noch nicht fertiggestellte Pfeile in Reserve. Sie stammen von den sehr geraden Ästen eines heimischen Strauches, den man Schneeball (Virburnum) nennt, und der heute auch in Parks und Gärten zu finden ist, und dem Hartriegel-Strauch. Nur die Versteifung des Fellköchers ist aus Haselnuß.

Darüber hinaus aber fand sich in dem Köcher eine sorgfältig gedrehte und zusammengewickelte zwei Meter lange Schnur aus Rindenbast — vielleicht um die Pfeilspitzen zu befestigen. Weiters zwei 30 Zentimeter lange Tiersehnen, die vermutlich von einem Tier in Hirschgröße stammen. Sie könnten als Nähmaterial oder zur Herstellung von Schlingen gedient haben, um kleine Säugetiere wie Schneehasen oder Murmeltiere zu fangen.

Die ursprüngliche Schlußfolgerung, der Mann der Vorzeit sei erst dabeigewesen, seine Jagdausrüstung fertigzustellen, mag Universitätsprofessor Dr. Konrad Spindler nicht teilen: »Er hatte zwei voll funktionsfähige Pfeile und Ersatzmaterial, um seine Ausrüstung ständig zu erneuern. Jeder, der einer Profession nachgeht, richtet sich darauf ein, daß er mit Verschleiß zu rechnen hat. Das war ein Mann, der voll aus dem Leben kam.«

IST NOCH BLUT IN IHM?

Februar 1992

Der »Mann vom Hauslabjoch«, wie er jetzt offiziell genannt wird, war die große Sensation beim ersten Weltkongreß der Mumienforscher auf Teneriffa, an dem 200 Wissenschafter aus 20 Ländern teilnahmen. Die Mediziner erwarten sich von den Untersuchungen des Toten, die noch gar nicht angelaufen sind, hochinteressante Ergebnisse: Es besteht die Möglichkeit, daß sich in dem mumifizierten Leichnam noch geronnenes Blut befindet. Aus diesem könnten Erkenntnisse über die genetische DNS-Struktur der Menschen von damals, aber auch über möglicherweise vorhandene Antikörper und Infektionen gewonnen werden. Faszinierende Aussichten . . .

»DER AUFREGENDSTE TAG IN MEINEM LEBEN«

Die Spannung, die die Wissenschafter ergriff, ist nur mit jener zu vergleichen, die empfunden wurde, als britische Archäologen auf die Grabkammer des Pharao Tut-ench-Amun stießen. Konrad Spindler: »Es ist ergreifend, wenn man endlich ins Antlitz eines Menschen sehen kann, mit dem man sich in der Theorie seit Jahren beschäftigt hat.« Was würde er ihn fragen, wenn der Mann sprechen könnte? »Ich würde ihn fragen, warum, mein Freund, bist du in die Berge gegangen? Das hätte ich gerne gewußt.«

*Der Innsbrucker Urgeschichtler Prof. Konrad Spindler: »Der auf-
regendste Tag in meinem Forscherleben.«*   Foto: SNS, Innsbruck

Mit dem Mann aus dem Eis wurde erstmals ein
Leichnam aus der Bronzezeit geborgen, der samt seiner umfangreichen Ausrüstung nicht einem Grab ent-
stammt, sondern, wie Spindler meint, »direkt aus dem
Leben. So wie der Mann einst auf den Berg gestiegen
war, kam er nun zu uns ins Tal zurück«.

Anders als ägyptische Mumien, die mit Harzen ein-
balsamiert, damit chemisch vorbehandelt wurden,
verfügt die Wissenschaft jetzt über einen »rein bio-
logisch mumifizierten Körper« (Rainer Henn).

Auch sein Kollege, sonst ein abgebrühter Gerichtsmediziner, zeigte Emotion: »Nach der Auffindung
hab' ich die ganze Nacht nicht schlafen können, weil
ich so etwas Faszinierendes noch nie gesehen habe.«

Der Wiener Publizist **DDr. Günther Nenning,**
der sich sehr oft historischer Themen annimmt, ver-
faßte diesen pointierten Bericht:

ÖTZI IST EIN SLOWENE!

Ötzi ist überall. Ötzi ist nirgends. Wovon kaum die
Rede war und ist: Wie sieht der historische Hintergrund aus? Der Mensch, der da am Rande des Similaun-Gletschers gefunden wurde und vermutlich
viertausend Jahre alt ist — er wurde blitzschnell zu
einer Fremdenverkehrspuppe, zu einer Marionette im
luftleeren Raum der Reklame.

Inmitten des Ötzi-Rummels kann sich immer noch
niemand vorstellen, was er da oben machte im Eis, auf
dreitausend Höhenmetern. Dem rätselhaften Ötzi
stehen wir ratlosen Modernis gegenüber.

In der Bronzezeit, ab etwa 2000 v. Chr., oder wahr-
scheinlich noch früher, in der Jungsteinzeit, ab etwa
10.000 v. Chr., waren die Alpen bereits von Menschen besiedelt. Und zwar auf buchstäblich hochintel-
ligente Weise: Wichtig waren den Jägern, Viehzüch-
tern, Ackerbauern nicht die tiefen Talgründe, sondern die hochgelegenen Hänge und die Übergänge aus
einem Talschluß zum anderen.

Unten im Tal waren endlose Schluchten, über-
schwemmte und versumpfte Flußlandschaften, kaum
begehbar und bewohnbar. Aber von den Höhensiedlungen in einem Tal zu den Höhensiedlungen im
nächsten Tal führten uralte, sorgfältig gepflegte, oft

Die „Kleiderpuppe“, die in einem Eisloch mit Schmelzwasser lag, entpuppte sich als „Sensationsfund“ des Jahrhunderts.

Foto: Max Scherer/Kronen-Zeitung/Viennareport

Bild oben: Völlig unsachgemäß, so wird kritisiert, wurde der „Alte Tote" mit Schistöcken aus dem Eis gehackt. Foto: Max Scherer/Kronen-Zeitung/Viennareport
Bild unten: In Plastikfolie verpackt: Vor dem Abtransport ins Gerichtsmedizinische Institut in Innsbruck. Foto: Max Scherer/Kronen-Zeitung/Viennareport

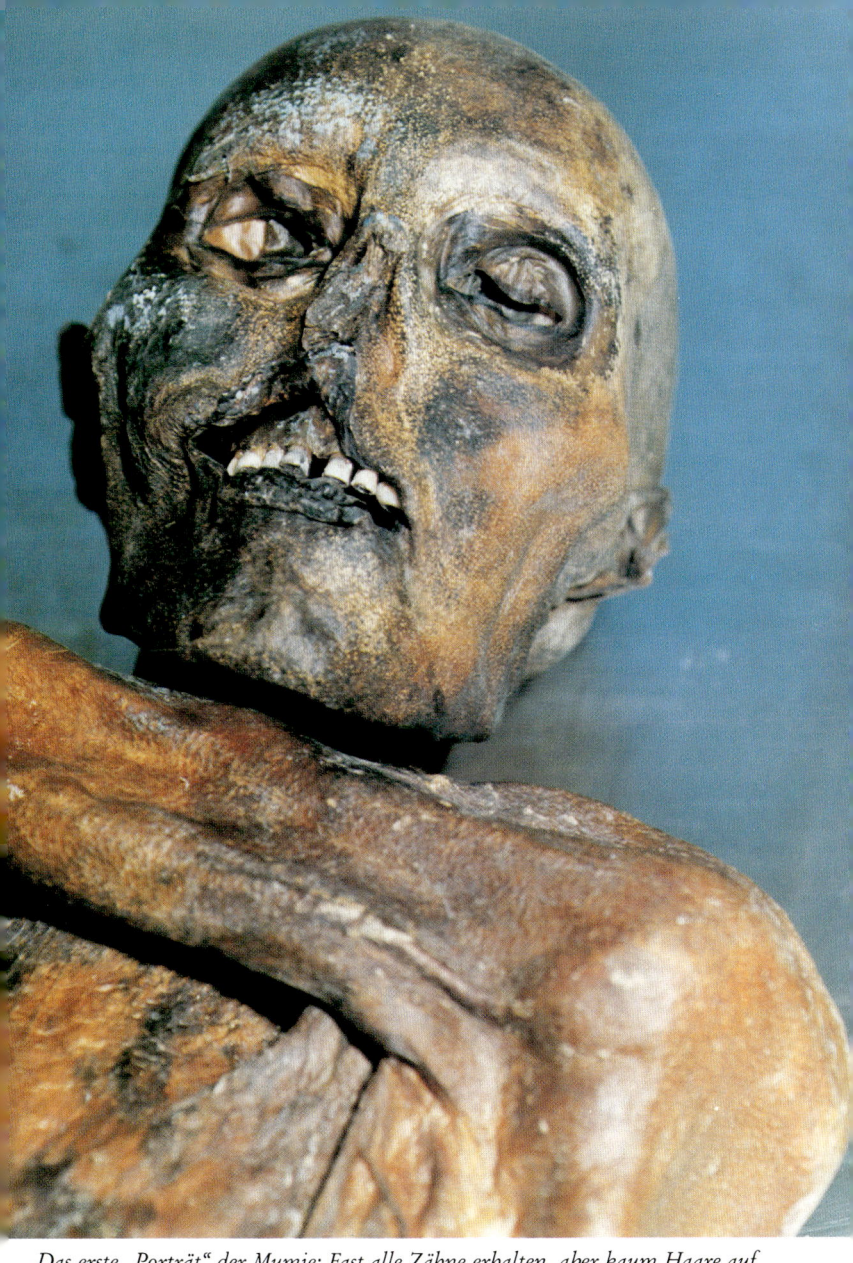

Das erste „Porträt" der Mumie: Fast alle Zähne erhalten, aber kaum Haare auf dem Kopf.

Foto: Max Scherer/Kronen-Zeitung/Viennareport

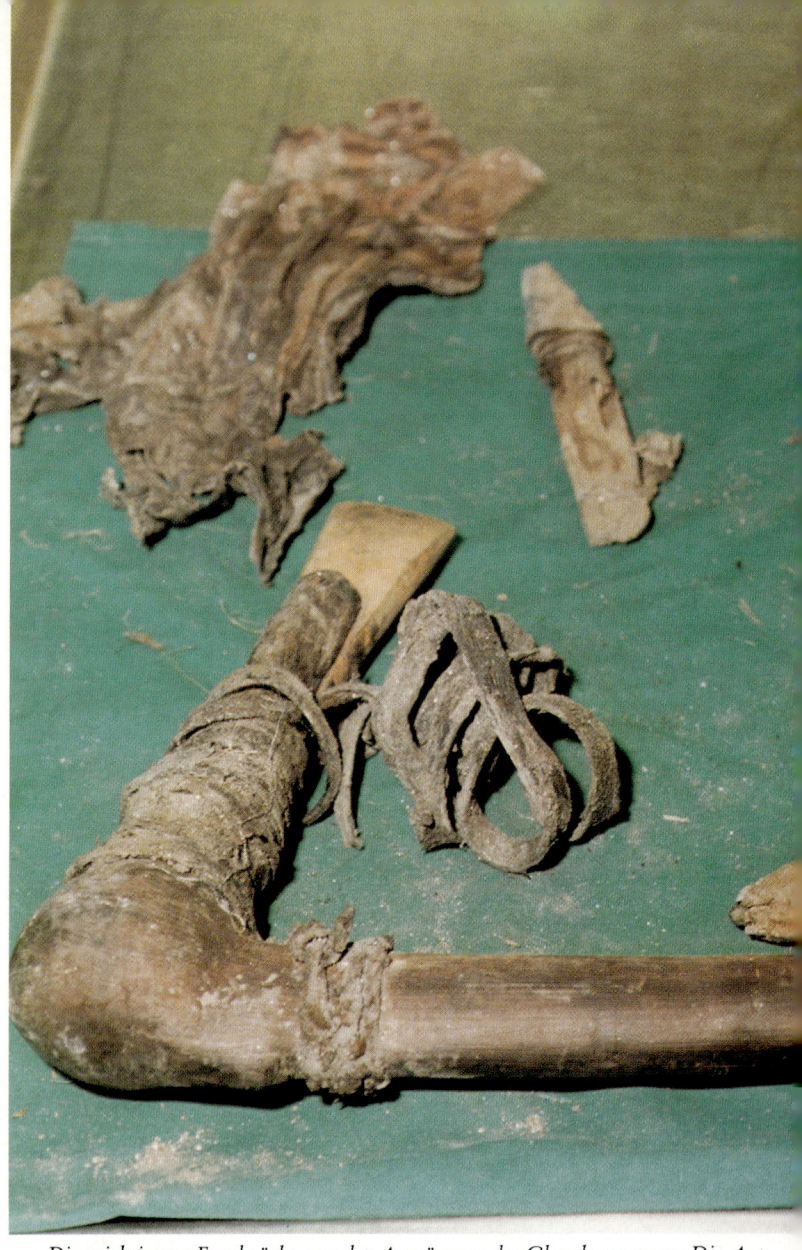

Die wichtigsten Fundstücke aus der Ausrüstung des Gletschermannes: Die Axt mit bronzener Klinge, das Steinmesser, in einen Holzschaft gefaßt, rechts das Amulett, ein durchbohrter Stein mit ledernen Fransen.

Foto: Max Scherer/Kronen-Zeitung/Viennareport

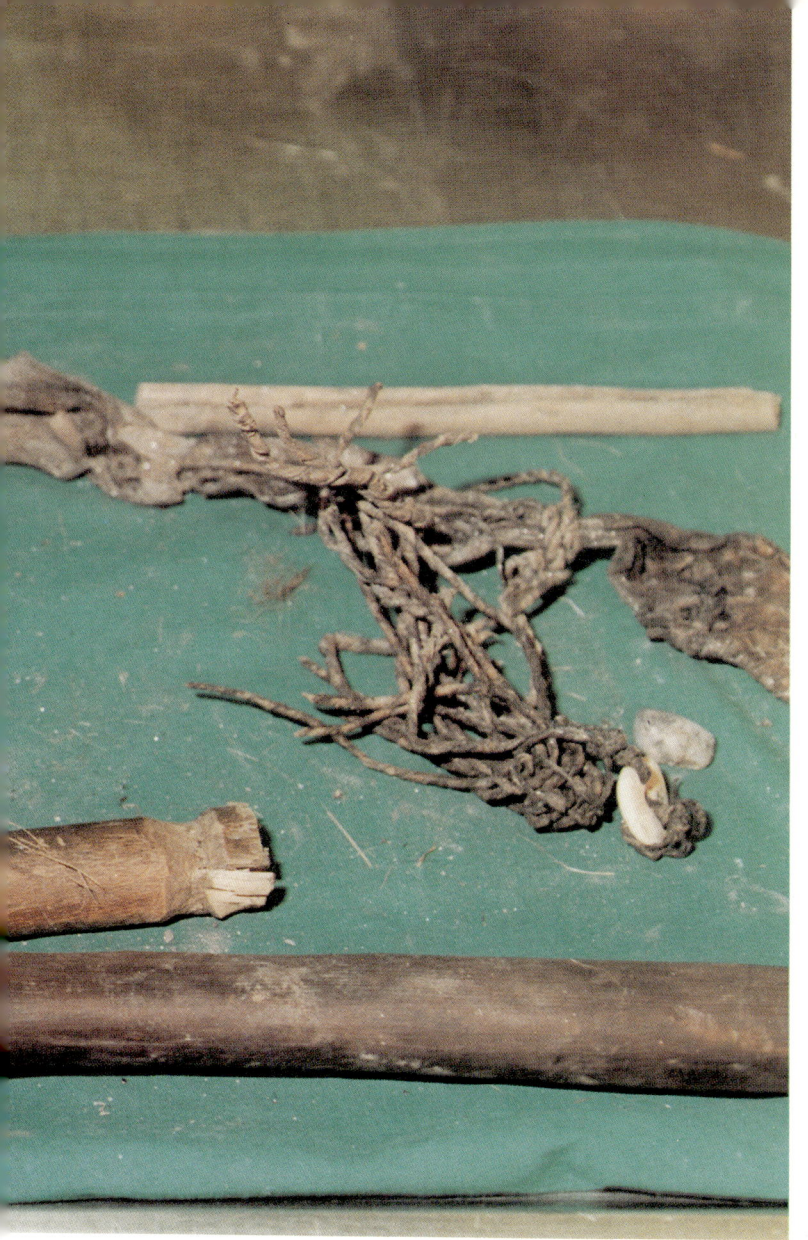

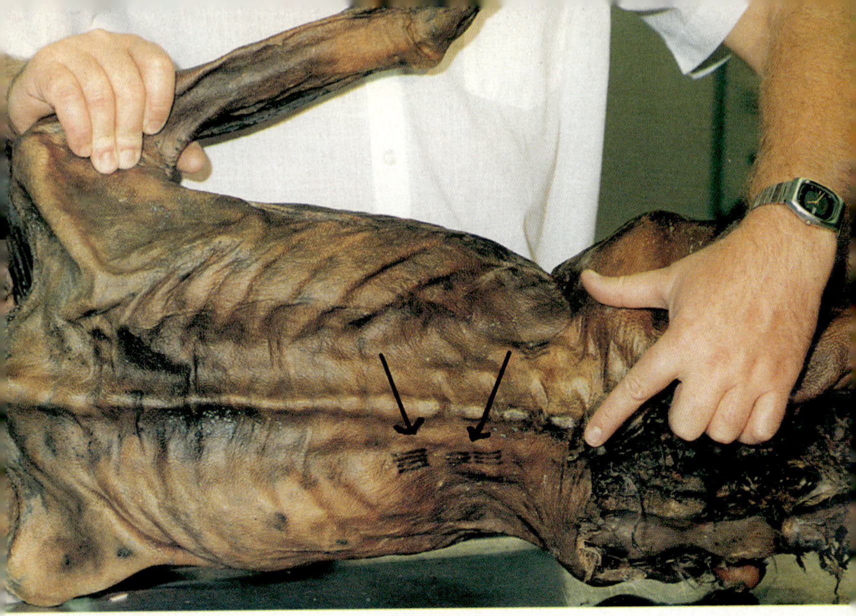

Bild oben: Das sind die rätselhaften Tätowierungen (Pfeile) auf dem Rücken des vor 4000 Jahren gestorbenen Mannes. Fotos: Max Scherer/Kronen-Zeitung/Viennareport
Bild unten: Der Innsbrucker Gerichtsmediziner Hans Unterberger präsentiert den Eismenschen der internationalen Presse.

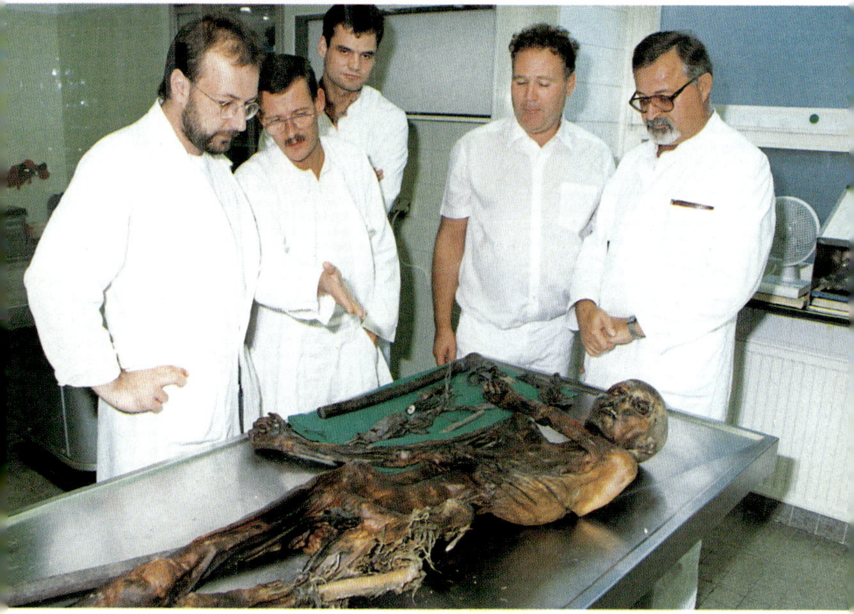

Bild oben: Der linke Fuß des Toten mit den Resten von Stroh, mit dem er seine Lederschuhe ausgepolstert hatte. Fotos: Max Scherer/Kronen-Zeitung/Viennareport

Bild unten: Das Wissenschafter-Team der Universität Innsbruck berät „im Angesicht mit dem alten Toten" die nächsten Maßnahmen.

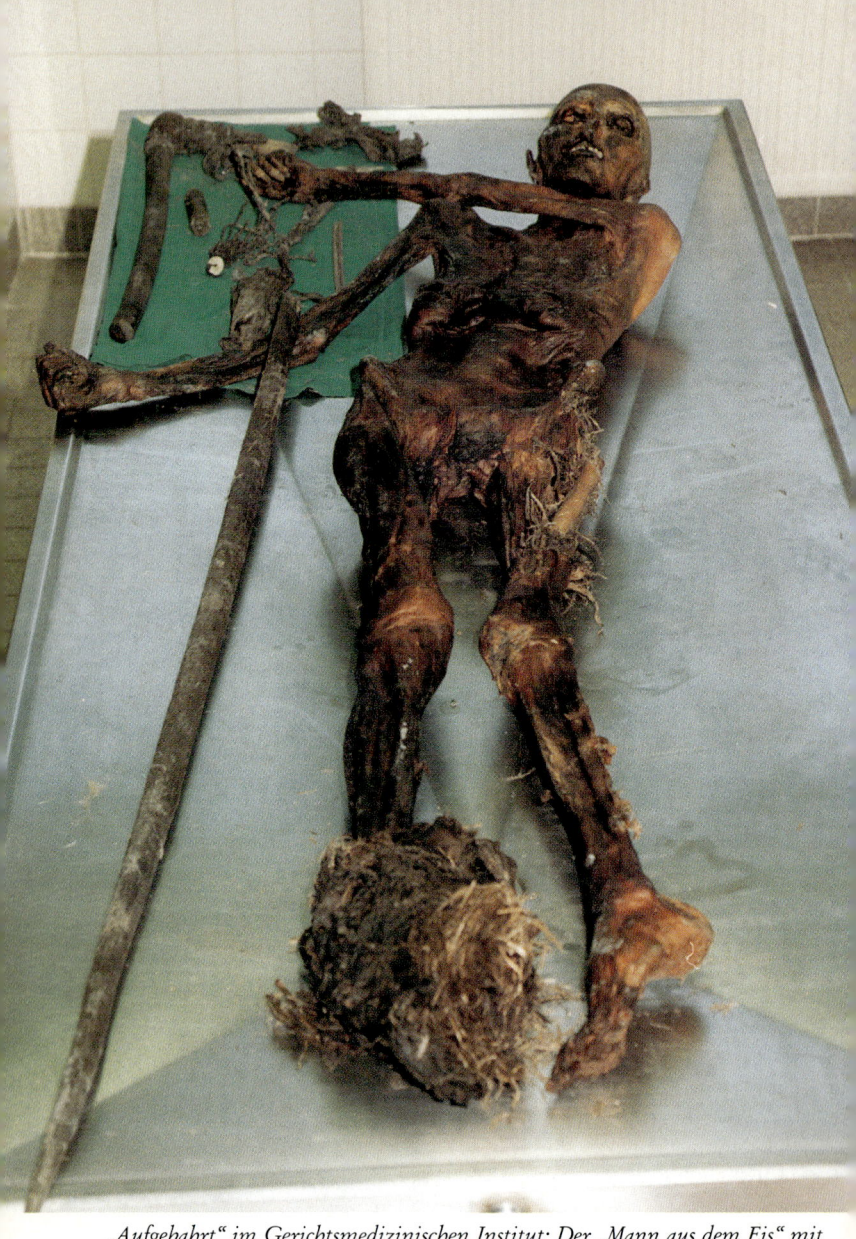

„Aufgebahrt" im Gerichtsmedizinischen Institut: Der „Mann aus dem Eis" mit seinen Ausrüstungsgegenständen.

Foto: Max Scherer/Kronen-Zeitung/Viennareport

sogar gepflasterte Saumwege. Auf den Höhen, auch auf dem Eis — dort spielte sich der eigentliche Verkehr ab.

Man hatte kräftige Waden und Schenkel. Lasten beförderte man auf dem Rücken der Menschen, Esel, Pferde. Es waren Handelswege. Und über diese Höhen wurden auch Kühe, Schafe, Ziegen von Weide zu Weide getrieben. Erz wurde abgebaut in Höhen bis 3000 Meter.

Daß Ötzi da oben gefunden wurde, ist also gar nicht verblüffend, sondern historisch begreiflich.

Das oberste Ötztal, das Venter Tal, wurde nicht von Nordtirol besiedelt, vom weit entfernten Inntal über die gefährlichen Talwege, sondern von Südtirol, aus dem Tal von Schnals. Der Übergang von dort über die vergletscherten Joche nach Vent ist beschwerlich, aber kurz. Übers Eis gibt es breite, für Mensch und Vieh insofern »bequeme« Höhenrücken.

Als die künstliche Grenze zwischen Österreich und Italien gezogen wurde, 1918, nach dem verlorenen Ersten Weltkrieg, oben auf den Gebirgskämmen und Wasserscheiden, wurde eine uralt gewachsene Grenze bürokratisch amputiert. Den Südtiroler Bauern aus dem Schnalser Tal wurde immerhin gestattet, ihre Weidegründe im obersten Ötztal wie bisher zu benützen, quer über die neue Staatsgrenze.

Von Südtirol, aus dem Schnalstal, kam auch der bescheidene Wohlstand der Nordtiroler im obersten Ötztal, im Venter Tal: Die Venter Bauern verpachteten ihre Weidegründe an die Südtiroler.

Jetzt ist das oberste Schnalser Tal ein Schi-, Hotel-,

Lift- und Betonzentrum übelster Sorte. Aber immer noch wandern jährlich 2000 bis 3000 Schafe über den Gletscher westlich des Similaun.

»Die Bauern des Venter Tales«, liest man bei Johann Jakob Staffler, einem hohen Tiroler Beamten, der um 1830 Tirol beschrieb, »sind im Besitz unermeßlicher Alpenweiden. Diese Schafsweiden dehnen sich bis ans Ferner-Eis, und die größten Strecken sind mit den gewürzreichsten Pflanzen überzogen wie Speik, Marbel und Madaun.«

Das war vor dem Fortschritt. Jetzt sind die größten Strecken nur noch mit bunten Schifahrern überzogen.

Der Speik, »Valeriana celtica«, ist ein Baldriangewächs. In den Alpen gab's einst ganze »Speikböden«. Die Uraltpflanze, aus der Eiszeit überlebend, wurde einst als Parfum verwendet. Sie ist jetzt fast ausgerottet, ersetzt durch Schickimickis, parfümiert von Lagerfeld.

Der Ötzi geht rettungslos seiner totalen Ver-D-Marktung entgegen. Wann eigentlich hört der juristische und moralische Schutz der Totenruhe auf? Schon nach viertausend Jahren? Unseren Ötzi darf man vermessen, verfilmen, zerstückeln zwecks Analyse, vergasen zwecks Konservierung, demnächst pornographisch zur Schau stellen vor Millionen lüsterner Touristen.

Wenn Tirol, Nord und Süd, sich jetzt wiedervereinigen wollen und unabhängig werden wie Slowenien, Kroatien oder Aserbeidschan — dann ist es ein böser Vorgeschmack, wenn Nordis und Südis gleichermaßen drauf und dran sind, den armen Ötzi zu schänden.

Früher hatten's die Toten besser. Sie wurden aus dem Venter Tal auf dem herrlichen Weg über den Gletscher nach Südtirol getragen, auf den Friedhof von Unserer Frau in Schnals. Im Winter ging das nicht. Da wurden sie im Eis eingefroren. Erst wenn's taute, trug man sie übers Gebirge.

Armer Ötzi im surrenden Tiefkühlfach der Innsbrucker Universität! Wer bist du? Die kühnste Definition des Uralt-Toten kann man aus den Werken slowenischer und polnischer Sprachforscher ableiten. Unser Ötzi ist kein Nordtiroler, kein Südtiroler, kein Österreicher, kein Italiener, sondern ein Veneter.

Die Veneter sind ein Urvolk der Ostalpen. Sie reichen zurück in die Bronzezeit, welcher der ausgegrabene Ötzi zugehört. Veneter siedelten damals quer durch ganz Europa. »Venetischer Meerbusen« hieß im Altertum die Ostsee, in den Alpen gibt's reichlich Namen wie »Venetberg« im oberen Inntal, den »Großvenediger«, das »Venter Tal«; und im Süden »Venedig«. Den Völkernamen »Veneter« kannte man im Altertum in Ost-, Mittel-, Südeuropa, auf dem Balkan und in Kleinasien.

Die Veneter sind — meinen slowenische Forscher — das Muttervolk der Slawen und insbesondere der Slowenen. Der Ötzi ein Slowi — das darf ja net wahr sein.

DER EISMANN ALS POLITIKUM

Ist es nicht merkwürdig, daß im Zeichen der EG und eines Vereinigten Europas plötzlich Grenzstreitigkeiten und Konflikte auftreten, nur weil ein alter Toter im Eis gefunden wird?

Das fragte mich der Journalist Clyde Joyce in einem Interview für den Radiosender ABC-Australia (selbst dort interessiert man sich für den Mann aus dem Eis).

Tatsächlich: Da brachen plötzlich alte Ressentiments und Zwiste, die keiner vermutet hätte, zwischen Italien und Österreich wieder auf. Meine Antwort war, daß es zunächst um Prestige, um Fremdenverkehrs-Interessen, um Vermarktung des Mannes vom Similaun-Gletscher geht, und diese nur zum Anlaß für bissige Kommentare herhalten mußten.

Freilich wurden dabei Erinnerungen an die Konflikte aus der Habsburgerzeit und aus der Feindschaft während zweier Weltkriege wachgerufen. Sicher spielt auch das Problem eine Rolle, daß Österreich noch immer als die »Schutzmacht« Südtirols fungiert und noch lange nicht alle Fragen um die Autonomie gelöst sind.

Deutliche Hinweise, wieviel Wahrheit darin steckt, liefert ein ätzender Bericht der italienischen Zeitung »Corriere della Sera« vom 1. Oktober 1991.

Die Schlagzeilen lauteten: »Der Grenz-Disput nimmt radikale Töne an« — »Gebt den Knochen her« — und schon ist Streit.

Und hier der Text in gekürzter Fassung: Die Österreicher sind entschlossen, den alten Krieger zu behalten. Die Südtiroler entdecken sich als Italiener — und machen mit.

Zehn Tage sind vergangen, seit ein Carabiniere — im Bestreben, ein bürokratisches Ärgernis loszuwerden (»eine Leiche auf dem Gletscher: o Gott, was für ein Ärgernis!«) — die Mumie vom Schnalstal gern den österreichischen Gendarmen überließ.

Damals hatte niemand gedacht, daß diese Mumie eine jahrhundertealte Brüderschaft unterminieren würde: die zwischen Nord- und Südtirolern.

Beide Seiten — und das sagen wir ohne Ironie für den wertvollen vorgeschichtlichen Fund — wollen von den Knochen nicht ablassen.

Vergessen sind die nostalgischen Chöre für Cecco Beppe (damit ist Kaiser Franz Joseph gemeint, Anm. d. Autors), jetzt streiten sie um die genaue Grenzlinie am Similaun, um den Namen des illustren Vorfahren, aber ganz besonders um den Auffindungsort für den anthropologischen Schatz.

ELEFANTEN IM PORZELLANLADEN

MASSIVE KRITIK AN DER BERGUNG

Da wurde mit Skistöcken im Eis herumgestochert, ein deutscher Tourist half gar mit seinem Pickel aus. Es hätte gerade noch gefehlt, daß die alte Axt, die neben dem Gletschermann lag, zum Heraushacken der Mumie am Similaun-Gletscher verwendet worden wäre.

Diese Vorgänge sind durch unseren Fotografen Max Scherer und das ORF-Team dokumentiert und haben die zu sorgfältigem Umgang mit Funden trainierten Urgeschichtsforscher und auch das Fernsehpublikum schockiert. »Die Leute benahmen sich wie Elefanten im Porzellanladen«, sagten die Kritiker, und einer formulierte es noch härter: Ein trauriges Schicksal hat es gewollt, daß dieser Fund Innsbrucker Gerichtsmedizinern in die Hände gefallen ist.

Für die österreichischen Behörden war das zunächst ein Leichenfund wie jeder andere, ein »verunglückter Alpinist unbekannter Herkunft«.

Dann mußte eben alles seine Ordnung haben, den offiziellen Lauf nehmen: Die Gendarmen stiegen auf, ein Gerichtsmediziner wurde gerufen, der Abtransport per Hubschrauber wurde organisiert. Und zur

Die „skandalöse Bergung“: Mit Schistöcken oder einem Eispickel wurden unersetzbare Funde beschädigt.
Foto: Max Scherer

Ordnung gehört auch ein Fahndungsfoto (»Wer kennt diesen Mann?«), das in den Zeitungen erscheinen sollte. Ein Totenschein muß her, die Anverwandten sind zu informieren!

Der Ordnung halber: Der »alte Tote« bekam sogar eine offizielle Obduktionsnummer. »619/91«, also die 619. Leiche dieses Jahres.

Für einen 5000 Jahre alten Mann — doch das wußte man zu diesem Zeitpunkt noch nicht — klingen diese gesetzlichen Vorbedingungen klarerweise lächerlich.

Erst Tage später war gewiß: Was sollte ein Fahndungsfoto in den Zeitungen, um herauszufinden, wer der Tote ist?

Seit es den Alpinismus gibt, und das ist noch gar nicht lange her, höchstens 150 Jahre, sind Menschen in den Bergen ums Leben gekommen, von Schnee und Eis bedeckt und für viele Jahre begraben worden. Später wurden sie irgendwann im Sommer »herausgeapert«, wie man sagt, ebenso wie durch Lawinen und Steinschlag verunglückte Gemsen, Rothirsche und andere Tiere.

Nur: Die ältesten »Gletscherleichen«, die je entdeckt wurden, sind allerhöchstens 100 Jahre alt. Sie wurden im Eis eingefroren und konserviert. »Sie sehen aus, als wären sie aus Wachs«, berichten Gerichtsmediziner. Mit diesem »alten Toten« war die Gerichtsmedizin aber offensichtlich überfordert.

Dennoch: Der Innsbrucker Gerichtsmediziner Prof. Rainer Henn, der am Fundort war, blieb auch später noch dabei: »Jede Leiche, die entdeckt wird, muß gesetzlich gleich behandelt werden. Auch dahingehend, daß man einen Leichenschauschein auszustellen hat.«

Für die Wissenschafter am Institut für Urgeschichte der Universität Wien, vor allem für Prof. Herwig Fresinger, war diese Bergungsaktion schlichtweg ein Skandal.

In einem Bericht des ORF-Inlandsreports vom 3. Oktober 1991 ging Fresinger hart ins Gericht: »Ich bin tief erschüttert über die unsachgemäße Bergung dieses bedeutendsten Fundkomplexes der letzten Jahrzehnte. Ich hoffe aber, daß es durch Nachgrabungen und eine wissenschaftliche Restaurierung und Bearbeitung des Fundmaterials dennoch gelingt, den Schaden zu minimieren, der dadurch der europäischen Wissenschaft entstanden ist.«

Der gesetzlich fixierte Aufgabenbereich der Gerichtsmediziner ist die Untersuchung von normalen Sterbefällen, von Verkehrsopfern oder Kriminalfällen. Die Wissenschafter zürnen: »Diese Gerichtsmediziner haben in Überschreitung ihrer wissenschaftlichen Kompetenz und ihres gesetzlichen Auftrages in einer wirklich dilettantischen und fahrlässigen Weise wertvolle Befunde an diesem Similaun-Mann zerstört.«

Noch eine für Nicht-Österreicher merkwürdige Rechtslage: Wenn alte tierische oder menschliche Skelette irgendwo in der Landschaft gefunden werden, sind sie zunächst keine Denkmäler im juristischen Sinn. Wohl aber das, was bei ihnen gefunden wird.

Das bedeutet mit anderen Worten: Die Bronzeaxt,

die da oben im Eis gefunden wurde, war automatisch denkmalgeschützt, nicht aber der prähistorische Tote.

Erst als auf dem Rücken des Mannes seltsame Tätowierungen entdeckt wurden und man grob sein Alter bestimmen konnte, hatte das Bundesdenkmalamt die Möglichkeit, den Eismann unter Schutz zu stellen.

Die Rechtslage, mit der die Gerichtsmediziner umgehen müssen, erklärt — mit aller Nachsicht gesagt — die unsachgemäße Behandlung des alten Toten. Anstatt ihn beispielsweise aus dem Eisblock, in dem er gelegen war, herauszusägen und samt dem Eismantel ins Tal zu schaffen, hat man ihn aufgetaut.

»Er mußte ja zur Feststellung der Todesursache für den Gerichtsmediziner behandlungsfähig sein«, ist der Kommentar des Urgeschichtlers Prof. Konrad Spindler. Eine gefrorene Leiche kann nicht obduziert werden. Für die Gerichtsmediziner, die nie zuvor mit so etwas zu tun hatten, war das zunächst ein absolut routinemäßiger Fall.

Mußte er wirklich aufgetaut werden, obwohl nach glaubwürdigen Aussagen auch die Gerichtsmediziner erkannt hatten, daß sie es mit einem außergewöhnlichen Leichnam zu tun hatten?

Die bissige Frage eines Wissenschafters: »Man fragt sich wirklich, wie es dazu kommen konnte. Jede normale Hausfrau, die in einem Geschäft ein Paar Würstel kauft, wird diese, sobald sie zu Hause angekommen ist, in den Eiskasten geben. Wieso ist das in Innsbruck nicht möglich gewesen?«

PHANTOMBILDER: WIE KÖNNTE ER AUSGESEHEN HABEN?

Kaum waren die ersten Fotos mit dem Kopf der Mumie vom Similaun-Gletscher veröffentlicht worden, da machten sich Zeichner landauf, landab an die Arbeit, um Phantombilder herzustellen, wie denn der Bronzezeit-Mann ausgesehen haben könnte.

Manchen ging die Phantasie dabei durch, teutonische Heldengestalten wurden veröffentlicht, oder Gesichter, die eher ins Verbrecheralbum gepaßt hätten. Wie etwa jenes, das einen griesgrämigen, furchterregenden Menschen mit Schnurrbart und spärlichem Haarwuchs zeigte.

Zu ganz anderer Auffassung kam der Wiener Gerichtsmediziner Prof. Dr. Johann Szilvassy, der sich einer vom FBI entwickelten Rekonstruktionsmethode bediente. Er hatte freilich nicht den Mumienkopf selbst, sondern auch nur ein Foto zur Verfügung, doch er ist sicher, daß der bronzezeitliche Eismensch ein gutaussehender Mann gewesen sein muß: mit hoher Stirn, schmalem Gesicht und markantem Profil.

Prof. Szilvassys Zeichnung sieht zwar weniger spektakulär aus, entspricht seiner Auffassung nach aber den Tatsachen.

Fe

Last days o
the Ice ma

THE discovery of the frozen body of a prehistoric hunter who died 4,000 years ago gave scientists fascinating clues about our ancestors' size, health, diet, appearance and clothing. But what of his family life, of his mate, his way of living? JANE KELLY talked to anthropologists to piece together a picture of what his life was really like and how it ended.

H E WOKE up under the rye and reed thatch to the usual sounds; sleeping children and dogs breathing, bird song, goats and pigs, his wife outside grinding corn on the stone.

But today was unusual, the start of a three-day trip to the mountains, the last time he would go before winter set in.

Ibex Unetici, 30, named after the animal his people hunted, and his tribe lived in a south Tyrol village — 30 rectangular wooden 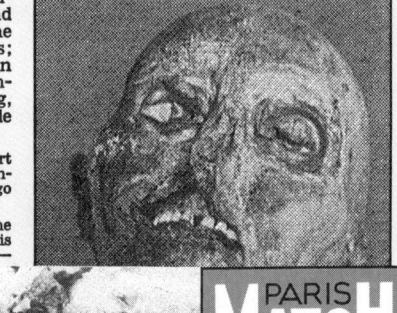 forest clearing near the trian border. His wife stood in the doorway. name meaning mothe thick blanket pinned by decorated metal pin. H decorated with polished feather.

At 25 she was alread four children, and the one at birth in a tim No doubt they would the family grew impossi

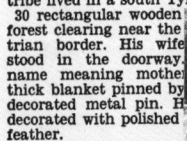

PARIS MATCH

Auf dieser und der folgenden Doppelseite ist ein kleiner Querschnitt aus den Reaktionen der internationalen Presse montiert. Viele Rekonstruktionen . . .
Links: So sieht ein Zeichner der Londoner „Sunday Times" unseren „Mann aus dem Eis".

Parola di austriaci, la mu

Un sopralluogo di esperti nell'Alta Val Senales risolve la con

DAL NOSTRO INVIATO

BOLZANO — Meno male: nessun dubbio. Il sopralluogo degli esperti nell'Alta Val Senales ha permesso di stabilire che l'uomo preistorico che 4.400 anni fa si accasciò al suolo sul ghiacciaio del Similaun, forse colpito da un ictus dovuto a un tumore al cervello, andò a morire a cento metri circa dal futuro confine tra l'Italia e l'Austria

della gendarmeria tirolese, il grande alpinista l'aveva detto fin dal primo minuto: «Quel punto è in territorio italiano». E già da qualche giorno gli austriaci sembravano rassegnati a trovare la conferma di quanto avevano già capito: il prezioso cadavere era stato portato a Innsbruck solo per un equivoco. Ma se l'esito dell'ispezione non è stato una sorpresa, il modo in

bere un the caldo nella malga. Dei nostri, però, nessuna traccia. C'erano solamente il comandante dei carabinieri di Silandro, Massimo Iliarucci, due suoi uomini e due finanzieri. Gente di gamba buona, che era salita fin lassù partendo la mattina presto da Vernago per affrontare una marcia di tre ore abbondanti.

Ma i periti? I tre ufficiali dell'Istituto geogra

macchina sul versante austriaco, molto più dolce e abbordabile, per poi salire da quella parte? Dai e dai, il tempo passava.

Dopo due ore e mezzo di attesa, mentre i carabinieri e i finanzieri allargavano sconsolati le braccia dicendo: «Non capiamo. Strano. Dovrebbero essere già qui», i tecnici austriaci hanno rotto gli indugi: «Visto

umani possa presid Innsbr era s giorno po' afi gnitos gli abi se stat na, re stato quindi stro 'f seum

cronaca □ la Repubblica mercoledì 25 settembre 1991

Primi accertamenti sui resti trovati nel ghiacciaio austriaco di Sin

Il guerriero ha 4000 ar
La mummia risale all'età del bron

Il corpo del guerri ritrovato nelle Alpi

di SANDRA BORTOLIN

BOLZANO – La data è sbalorditiva: quattromila anni. Questa potrebbe essere infatti l'età della mummia rinvenuta sul ghiacciaio del Similaun, 3200 metri di quota, al confine tra Italia e Austria. La datazione è stata fatta ieri – dopo un primo esame del professor Konrad Spindler direttore dell'istituto di Preistoria dell'università di Innsbruck – soprattutto sugli oggetti rinvenuti accanto al cadavere mummificato, sepolto nel ghiaccio, non per centinaia di anni, ma addirittura per millenni. Elemento decisivo è l'ascia, caratteristica di un'era collocabile tra il 2000 e il 700 avanti Cristo, e che comprende le civiltà mesopotamiche, egizia, siropalestinese, minoica e micenea. In attesa di fare esami più approfonditi di paleopatologia per analizzare l'immenso archivio biologico della mummia, si è già stabilito che l'uomo quando è morto aveva 25, 30 anni. E potrebbe essere stato vittima di un sacrificio umano avvenuto nella tarda età del Bronzo. È una delle ipotesi che nasce da quei segni a fuoco ben visibili sulla pelle rinsecchita del cadavere all'altezza dell'osso sacro. Segni di una tortura con ferri arroventati, precedenti al colpo

bara per tanto tempo, in un perfetto stato di mummificazione, con i denti ancora intatti, le mani ancora avvolte da guanti di corteccia di betulla, riempiti di fieno, potrebbe essere stato quindi sacrificato ad una divinità? Il trattamento approfondito del reperto con il carbonio 14 rivelerà certamente altri particolari circa l'età.

Le cinghie di cuoio che avvolgono le gambe del cadavere potrebbero far parte di rudimentali calzature, ma anche essere servite per trascinare l'uomo

le, nell'alta Val Senales, ma sarebbe stato trasportato da qualcuno quando era già mummificato. La spiegazione più logica sarebbe quella che lo spostamento del corpo è stato causato dal movimento del ghiacciaio del Similaun, nel corso dei secoli. Ma tra il 1100 e il 1400 dopo Cristo ci fu un periodo di deglaciazione, dicono gli esperti. Come ha potuto quindi il corpo conservarsi così bene? Ecco quindi l'ipotesi che potrebbe essere stato trasportato a quella quota da qualcuno dopo il 1400.

risalgono ad epo ti. Le valli laterali erano utilizzate dato che molti gh cora liberi dai gh tabili. Ma la datazi austriaci, risaler Bronzo, e sopra delle torture, fan re l'ipotesi del pa

Il rischio che il reperto ha corso mo. Dopo esser ghiaccio, è rimast giorno al caldo e mummia ha cors la decomposizior austriaci si decide re che si trovava i striaco e che q loro prelevarlo.

solamente luned di una squadra di lo hanno avvolt trasportato in el nsbruk. «Si tratta ta unica al mond sperti – il ritrova co è quello delle riane, circa 2500 anni fa si assi ai loro cavalli. A tre conservato in di 8 anni rinvenu delle Ande e risa cento anni fa. Pe diosi da tutto il

a è italiana

C-d-S
3/10/91

icostruzione del volto della mummia

' malattia scoperta con la tac

ostruito a Innsbruck l'identikit della mummia trovata fra le nevi del Tirolo

a un volto l'uomo dei ghiacci

"guerriero"

veva il cancro

babilmente cercava le tracce di antiche miniere
anto al corpo scoperta anche una faretra con 19 frecce

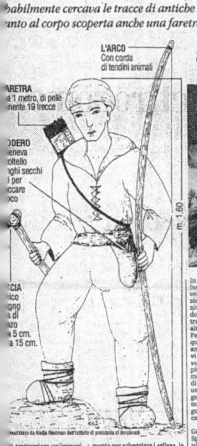

L'ARCO
Con corda
di tendini animali

FARETRA
nte 19 frecce

ODERO
eneva
ghi sacchi
per
ccare
co.

CIA
ico
ong
a
s 5 cm.
a 15 cm.

La mummia trovata la settimana
scorsa nel ghiacciaio del Similaun.
Di fianco alcun oggetti che erano
accanto al corpo. A sinistra
l'identikit dell'uomo del ghiaccio

Indossava abiti
di pelle imbottiti,
nel fodero funghi
per accendere fuochi

Non più giovanissimo
è stato stroncato
dal freddo intenso
e dalla stanchezza

NNA – Neanche con i più grandi sfor-
immaginazione l'uomo del Simi-
, vissuto quattromila anni or sono, a-
be potuto pensare che il suo corpo
obe stato sottoposto ad un sofistica-
no esame che oggi si chiama Tac
iografia assiale computerizzata). In-
na, lo studio sull'*homo tiroliensis*
egue, e le rivelazioni anche. E men
reperto viene conteso (oggi la peri-
er stabilire se andrà all'Austria o all'
a) e si fanno ipotesi sulla sua salute.
ofessore austriaco ha ricostruito in
isegno il volto dell'uomo del Simi-
(qui accanto).
'ultima notizia arriva dal quotidia-
ennese *Az*. Attraverso la Tac infatti si
be stabilito che l'uomo del ghiac-
era affetto da un terribile tumore al
ello. La causa del decesso sarebbe
un attacco epilettico. Ad effettuare
me sarebbero stati i neurologi dell'
dale di Innsbruck

si è fatto finora, che ha 4 mi
anni è un'ipotesi. Molto realisti-
ca, ma per sempre ipotesi forsh-
io soltanto sull'aridità degl
mmenti. Saremmo is
un'età intermedia, collocabil
per l'appunto intorno al 2 mil
avanti Cristo.
Quando si apprö tutto questo
eňo c'è freme, rigandosi
molto sofisticati all'inizio co
era programmato una lunge
stagione di notorietà. Ci vorr
qualche mese, dicamo in prima
estate prossima. E perché
l'uomo venuto dal ghiacciö sar

n attacco epilettico: questo spieghe-
e la posizione in cui è stato trovato il
o. Un braccio disteso e l'altro in tor-
parte opposta, con la testa girata
sopra la spalla, sopra il braccio, le
be distese. Condizionali d'obbligo: il

Ein Phantombild, wie der Mann vom Similaun-Gletscher ausgesehen haben könnte. Der Telfser Bildhauer und Mythologe Prof. Heinrich Tilly hat es gezeichnet.

Foto: SNS, Innsbruck

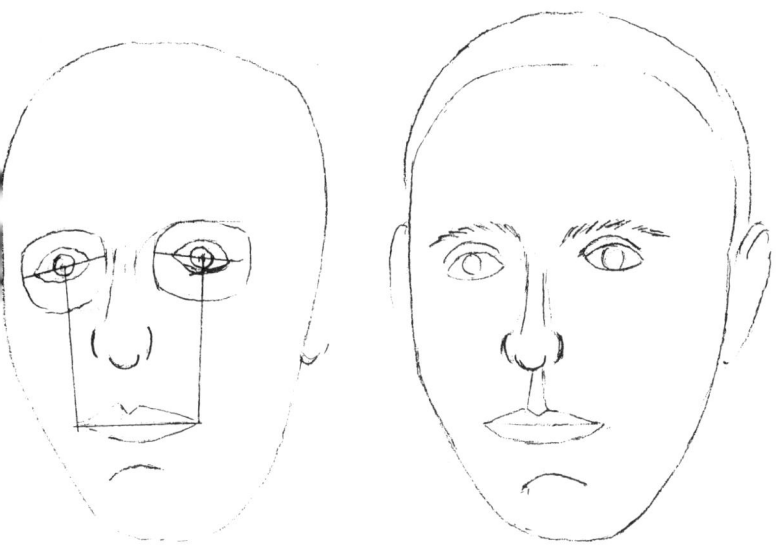

Rekonstruktion mit einer FBI-Methode: Die Version des Wiener Gerichtsmediziners Prof. Dr. Johann Szilvassy.

Da es heute in der Kriminalistik nach ungeklärten Mordfällen durchaus möglich ist, ziemlich genau Gesichtszüge zu rekonstruieren, was schon zur Klärung vieler Fälle beigetragen hat, werden wohl in Hinkunft noch genauere Rekonstruktionen gemacht werden können. Erst dann werden wir wissen, wie unser »Mann aus dem Eis« mit hoher Wahrscheinlichkeit zu Lebzeiten ausgesehen hat.

EINMALIGE FUNDE, WELTSENSATION

ZWISCHENBILANZ DER ERSTEN ERKENNTNISSE

Schon wenige Tage nach der Entdeckung des Mannes, den der Similaun-Gletscher nach Jahrtausenden freigegeben hatte, wurde klar, daß Menschen schon damals, wie in unserer Chronologie erwähnt, wohlausgerüstet in die Berge gegangen sind. Es muß also nicht nur die Geschichte des Alpinismus neu geschrieben, sondern auch die alte Meinung revidiert werden, damals hätte sich niemand aus Angst vor Dämonen in solche Höhen vorgewagt.

Unser Bronzezeit-Mann, wer immer er auch gewesen sein mag, wußte ganz offensichtlich, was er tat, war zielstrebig unterwegs, hatte alles bei sich, was er brauchte, um sein Dasein zu fristen. Dazu gehörten Proviant, Waffen zum Jagen, Werkzeuge, um Feuer zu machen, Ausrüstung, um ein Lager zu errichten.

Drei Wochen nach der Auffindung des »alten Mannes« fragte ich den Leiter der Untersuchungen, den Urgeschichtler Prof. Konrad Spindler aus Innsbruck, was sich seitdem an Entscheidendem getan hatte.

Zunächst einmal: Prof. Spindlers erste zeitliche Diagnose — »für die ich nur zwei Sekunden brauchte« —, es müsse sich um einen Toten aus der frühen

Bronzezeit um das Jahr 2000 v. Chr. handeln, ist von der Welt der Wissenschaft unumstritten. Ein paar Jahrhunderte auf oder ab sind möglich, der »Mann aus dem Eis« könnte unter Umständen jedoch sogar älter sein als ursprünglich angenommen. Wie recht der Wissenschafter hatte, stellte sich im Januar 1992 heraus.

Mit Hilfe der Radio-Carbon-Methode wird eine Altersbestimmung bis zum Ende dieses Jahres (1991) möglich sein. Gewebeteile des Körpers und Proben der Ausrüstungsgegenstände wurden nach Zürich, Oxford und Paris gesandt.

Die Proben aus dem Körper des Toten, befürchtet

DIE RADIO-CARBON-METHODE

Sie ist heute das wichtigste Verfahren zur Altersbestimmung archäologischer Funde, die aus organischen Substanzen bestehen. Basis ist die Tatsache, daß diese Stoffe radioaktiven Kohlenstoff-14 enthalten, der durch die kosmische Strahlung erzeugt wird. Aufgrund der »Halbwertzeit« läßt sich im Vergleich mit heutigen Proben das Alter zurückrechnen. Im Fall des Gletschermannes bedeutet das: liegt die C-14-Aktivität nur noch bei etwa zehn Prozent, dann stimmt die Bestimmung der Archäologen von 4000 Jahren.

Spindler, könnten durch das zweimalige Auftauen mit modernen Stoffen »kontaminiert« worden sein, so daß die alten C-14-Daten beeinflußt wurden.

Der Innsbrucker Professor für Urgeschichte hat einige der Funde als unvergleichbar und einmalig bezeichnet. »Welche sind das?« war unsere Frage. Vor allem der Lederköcher mit seinem Inhalt von 14 Pfeilen, der erst viele Wochen nach dem Fund am »Römisch-germanischen Zentralmuseum« in Mainz geöffnet wurde. Schon auf Röntgenaufnahmen, die vorsorglicherweise gemacht wurden, sind darin zwei Pfeile mit steinernen Spitzen zu sehen, einige mit Knochenspitzen, wofür es nichts Vergleichbares gibt, und einige Pfeile in rohem Zustand. Überdies hat der Bronzezeit-Jäger verschiedenartige Pfeile verwendet. Bei einigen besteht der Schaft aus Haselnuß, bei anderen aus einem sehr markreichen Holz.

Das wird viele Leser an ihre Kindheit erinnern, als sie Bogen und Pfeile aus Hasel herstellten und die Spitze der Pfeile mit dem Stück eines Holerastes versahen, weil sie dadurch um vieles besser durch die Luft flogen.*

So dürfte es auch der alte Jäger gehalten haben: Pfeile mit unterschiedlicher Ballistik und unterschiedlicher Durchschlagskraft, je nachdem, ob er auf kleine Wildtiere, auf Vögel oder auf Großwild angelegt hatte. Zu berücksichtigen ist auch, daß er einen langen Weg von seiner Heimat im Tal hinauf in die Dreitausender-Region zurückzulegen und es deshalb mit ganz unterschiedlichen Beutetieren zu tun hatte; —

---

* Diese Annahme mußte später (siehe S 60/61) revidiert werden.

um sich zu ernähren, um sein Überleben in der rauhen Bergwildnis zu sichern.

Hochinteressant und einmalig, weil bisher nicht erhalten, sind nach Prof. Spindlers Ansicht auch die Federreste an den Pfeilenden, die »Befiederung«, wie es im wissenschaftlichen Sprachgebrauch heißt. Diese Erfindung zur Stabilisierung der Flugbahn scheint ziemlich zeitgleich in der Menschheitsgeschichte gemacht worden zu sein und hat sich später offenbar weltweit verbreitet.

Man kennt solche Pfeile aus China, aus Mesopotamien, aus Ägypten und — wie jedes Kind weiß — von den Indianern Nordamerikas. Welch erstaunliche Verbindungen und Zusammenhänge schon in prähistorischer Zeit . . .

Jetzt wird sich sogar feststellen lassen, von welchen Vögeln diese Federn an den Pfeilen stammen. Wobei Vergleiche mit »modernen« Vögeln die Basis ist.

Der zweite Fund, der nur deshalb gemacht wurde, weil er so lange im Eis konserviert war, ist ein kleines Lederetui, das der Bronzezeit-Mann vermutlich am Gürtel getragen hat. Das dürfte damals üblich gewesen sein, nur sind derartige Gebrauchsgegenstände dem Zahn der Zeit, der Verwitterung, der Verrottung anheim gefallen.

»Der Inhalt dieses Etuis«, so Prof. Spindler, »ist von allerhöchstem wissenschaftlichen Wert. Es ist ein Schlagstein in Holzschäftung, verschiedene Zunder-Schwämme zum Feuermachen, eine Art Feuerzeug. Und noch etwas: offenbar eine Art Flickzeug für Pfeile.«

Eine Interpretation: Abgeschossene und möglicherweise beschädigte Pfeile waren zu wertvoll, als daß sie achtlos liegengelassen werden konnten. Denn Nachschub gab es keinen, und in dieser Bergregion war die Vegetation nicht danach, um sich neue zu schnitzen; wenngleich die Waldgrenze damals etwas höher lag als heute.

Überdies befand sich in dieser Ledertasche eine getrocknete Beere, mit Sicherheit eine Schlehe, die reich an Vitamin C ist und — so weiß man aus anderen Funden — schon damals beliebter und gesunder Reiseproviant war. — Das ist etwa so, als würde sich heute jemand, der sich auf einen langen Marsch begibt, Rosinen, Schokolade oder Nüsse mitnehmen.

Weiter Prof. Spindler im Original: »Einmalig für die Wissenschaft ist natürlich die gesamte Bekleidung des Mannes, weil nichts Vergleichbares erhalten blieb oder bisher gefunden werden konnte.«

Die Kleidung bestand aus feingegerbtem Leder, mit Lederstreifen oder Fäden aus gedrehten Gräsern vernäht, aus Fell, vermutlich der Gemse oder des Steinbocks, mit Beinkleidern, die zum Schutz gegen die Kälte mit Stroh ausgestopft waren.

Was sonst noch alles an Wichtigem und Wertvollem bei dem Mann aus dem Eis gefunden wurde:

● Die *Axt,* von der es Vergleichsfunde gibt, führte den Urgeschichtler Prof. Spindler sofort auf die ziemlich genaue Datierung: Es ist ein sogenanntes Randleistenbeil, das in einen Holzschaft eingelassen und darin mit umwickelten Lederriemen befestigt ist. Der Name Randleistenbeil kommt davon, weil der Metallteil erhöhte Ränder hatte, damit die Holzschäftung nicht verrutscht.

- Ein *Messer* mit einer sorgfältig behauenen Feuersteinklinge, in einen Holzgriff eingelassen und noch mit Schnüren umwickelt.

- Reste eines *Korbes* aus Gräsern, vielleicht Binsen.

- Vernähte Rindenstücke der Birke, die vermutlich ein *Behältnis* zum Transport von Proviant waren.

- Der *Jagdbogen,* von dem nur eine Spitze — vielleicht schon vor 4000 Jahren — abgebrochen ist. Er ist aus Eibenholz.

- Teile einer Art *Traggestell,* was zu der Vermutung führte, der Mann sei nicht nur auf der Jagd gewesen, sondern auch auf der Suche nach Kupfererz für die Herstellung von Bronze. Oder diente dieser »urzeitliche Rucksack« zum Abtransport von Wild? Solche Geräte werden auch heute noch in den Alpen verwendet.

- Und die Relikte einer *Strohmatte.* War das der Schlafsack des Ur-Tirolers, oder waren es Teile der Kleiderpolsterung als Kälteschutz?

- Eine durchbohrte *Steinperle* mit Fransen aus gedrehten Lederschnüren, mit großer Wahrscheinlichkeit ein Schmuck von magischer Bedeutung.

Inzwischen wurde auch klar, was die Carabinieri, die die Fundstelle am Similaun-Gletscher mitgenommen hatten, abtransportiert und nach Bozen gebracht hatten: ebenfalls Reste der Bekleidung. In Rom mußte um eine Ausfuhrbewilligung angesucht werden, damit auch diese Fundstücke in Mainz untersucht werden.

DAS BUNDESKRIMINALAMT ERMITTELT

WAS DIE WISSENSCHAFTER IN MAINZ MIT DEN FUNDEN VORHABEN

MAINZ. Sogar modernste kriminaltechnische Untersuchungsmethoden werden eingesetzt, um die Geheimnisse zu lüften, die der Gletschermann aus den Ötztaler Alpen vor 4000 Jahren mit in den Tod nahm. Dr. Manfred Wittig vom Bundeskriminalamt (BKA) in Wiesbaden untersucht die Kopfhaare des »Mannes aus dem Eis« und jene tierischen Haare, die an den Ausrüstungsgegenständen des Similaun-Mannes haften.

In Mainz werden auch alle übrigen Funde naturwissenschaftlich-archäologisch beleuchtet. Prof. Wittig ist einer der dreißig Wissenschafter aus drei Ländern, die in zwölf Arbeitsgruppen Kleidung, Ausrüstung und andere Gegenstände genau analysieren sollen.

Fein säuberlich hat man am Römisch-Germanischen Zentralmuseum die Stücke dokumentiert, Proben entnommen und diese dann numeriert. Präzise Studien an den oft winzigen Teilchen sollen nun etwas Licht in das Dunkel der Frühbronzezeit bringen. Doch das kann dauern: »Zunächst kamen wir zusammen, um unsere Fragen zu formulieren und die Zusammenarbeit zu regeln. Fundierte Ergebnisse erwarte ich erst in zwei bis drei Jahren«, erklärte der Innsbrucker Urgeschichtler Prof. Konrad Spindler nach dem ersten Treffen der Wissenschafterrunde in Mainz. Jetzt gehen die Experten daran, im »stillen Kämmerlein« ihren Teil dazu beizutragen, um — ähnlich wie bei einem Puzzlespiel — ein Gesamtbild vom Leben und Tod des »Ur-Tirolers« zu entwerfen.

Warum war der Gletschermann, als er gefunden wurde, völlig haarlos? War er krank, hatte er sich komplett rasiert, oder fielen die Haare erst im Laufe der Mumifizierung aus? Antworten auf diese und andere Fragen erhofft sich Spindler, der die gesamten Untersuchungen koordiniert, vom Wissenschaftlichen Direktor des Bundeskriminalamtes. Neueste Erkenntnisse der Genforschung, die ansonsten der Identifizierung von Verbrechern dienen, werden Prof. Wittig bei der Untersuchung der Haarreste helfen. Außerdem gilt es, die Herkunft der tierischen Haare zu klären.

Welche Gerbtechniken kannte man in der Bronzezeit? Von welchem Tier stammte die patchwork-ähnliche Kleidung? Dr. Renate Wente-Lukas vom Deutschen Ledermuseum in Offenbach wird die Häute und das Leder der Ausrüstung genau unter die Lupe nehmen. Unterstützt wird sie von Joachim Lange, Chemiker an der Westdeutschen Gerberschule in Reutlingen.

Auch in weiteren Arbeitsgruppen geht es darum, neue Erkenntnisse über das alpine Leben vor 4000

Jahren zu gewinnen. Denn: »Das einzigartige an dem Leichenfund vom Hauslabjoch in Südtirol ist, daß der Mann nicht in einem Grab beigesetzt, sondern auf seiner Bergexpedition jäh aus dem Leben gerissen wurde«, wie Prof. Spindler erklärt. Ob allerdings die Kleidung, die der Gletschermann trug, typisch für die Frühbronzezeit war, bleibt ungewiß: Es wurden ausschließlich Ledersachen gefunden. Andere Entdeckungen in Gräbern aus dieser Zeit aber zeigen, daß Textilien bekannt waren. »Vielleicht trug er die mit Stroh gefütterte Ledertracht, um sich besonders gut vor der Kälte zu schützen.« Auch bei der Analyse der Kleidungsstücke muß darauf geachtet werden, daß die Restaurierung wieder möglich ist. Denn schließlich hoffen die Experten, die Originaltracht des Gletschermannes rekonstruieren zu können.

Die Kleider selbst waren im Gegensatz zu den anderen Funden in einem recht schlechten Zustand. Nicht nur der Zahn der Zeit hatte an ihnen genagt, viel war auch bei der unsachgemäßen Bergung beschädigt worden.

»Möglich ist auch, daß der starke Wind, der im September vom Similaun-Gletscher blies, seine Kopfbedeckung weggerissen hat«, vermutet Prof. Spindler. Denn: Der Kopf war der erste Körperteil, der aus dem Gletscher zum Vorschein kam. Die einbrechende Kälte hat den Leichnam allerdings wieder im Eis verschwinden lassen. Erst vier Tage nach der Entdeckung ließ es das Wetter zu, mit einem Hubschrauber den Jahrhundertfund zu bergen.

In weiteren Arbeitsgruppen sind Wissenschafter

tätig, die sich neue Aufschlüsse über das Klima, die Gletscherbildung und Abschmelzung oder die Pflanzen- und Tierwelt der damaligen Zeit erhoffen. Aus vereinzelten Knochenfunden und Bißspuren am Leichnam könnte abgeleitet werden, welches Wild in diesen Höhenregionen lebte. Dieser Aufgabe geht die Münchner Paläozoologin Prof. Angela von den Driesch nach.

Welche pflanzlichen oder tierischen Schmarotzer finden sich an Kleidung und Gegenständen? Eine Frage, die Prof. Rainer Gothe vom Münchner Institut für Tropenmedizin und Parasitologie beantworten will. Dr. Gerhard Sperl vom Erich-Schmid-Institut für Festkörperphysik in Leoben, Spezialist für Metallurgie, wird das Bronzebeil genauestens beleuchten. Die Pfeilspitzen und den Feuerstein nimmt der Innsbrucker Mineraloioge Dr. Peter Gstrein unter die Lupe.

Auch am Similaun-Gletscher soll die Suche der Archäologen weitergehen. Die Untersuchungen vor Ort werden unter der Federführung der Innsbrucker Wissenschafter Prof. Walter Leitner, Dr. Gernot Patzelt, Prof. Sigmar Bortenschlager, Prof. Konrad Spindler und Prof. Andreas Lippert aus Wien fortgeführt.

Nachdem die Probeteilchen für die verschiedenen Untersuchungen der 30 Experten aus Österreich, Deutschland und der Schweiz entnommen wurden, wird Dr. Markus Egg vom Römisch-Germanischen Zentralmuseum mit den eigentlichen Restaurierungsarbeiten an den Ausrüstungsgegenständen in Mainz beginnen. Damit auch spätere Wissenschaftergenerationen mit neuen, weiterentwickelten Methoden die Funde untersuchen können, muß alles möglichst gut konserviert werden.

Doch nicht alle Ausrüstungsgegenstände des Gletschermannes, die im September entdeckt wurden, sind derzeit in Mainz. »Etwa fünf Prozent liegen noch in Bozen«, klagt Prof. Spindler. Italienische Carabinieri hatten sie kurz nach der Entdeckung des Leichnams abtransportiert, dann wurden sie in die Südtiroler Hauptstadt gebracht. Spindler: »Daraus entwickelte sich eine österreichisch-italienische Affäre.« Denn die Fundstellen an der Grenze der beiden Staaten liegt genau 92,56 Meter auf Südtiroler Seite. Geborgen aber wurde der »Ur-Tiroler« von Österreich aus. Eine Ausfuhrgenehmigung, in Rom beantragt, ist bislang noch nicht bewilligt: »Die italienische Bürokratie ist da etwas träge.« Dennoch: Beide Länder haben sich darauf geeinigt, daß die Untersuchungen weiterhin in Innsbruck stattfinden sollen. Wo aber der Gletschermann nach der abgeschlossenen Restaurierung eine neue Heimat finden wird, ist derzeit noch völlig ungewiß.

Michael Erfurth

SO LEBTE DER GLETSCHERMANN

SIE SAHEN SO AUS WIE WIR UND WAREN EBENSO INTELLIGENT. DOCH WIE WAR DER ALLTAG DER MENSCHEN VOR 4000 JAHREN?

Diese Frage stellte Georg Markus einem, der es wissen oder erahnen muß, Dozent Dr. Gerhard Trnka vom Institut für Ur- und Frühgeschichte an der Universität Wien. Der Wissenschafter erzählte vom Alltag der Menschen in der Bronzezeit:

Zunächst: Sie waren ebenso intelligent wie unsereins und unterschieden sich — abgesehen davon, daß sie ein paar Zentimeter kleiner waren — äußerlich durch nichts von den Erdenbürgern des 20. Jahrhunderts. Sie gehörten physiologisch unserem modernen Menschentyp an, sind von der Entstehungsgeschichte der Menschheit drei bis vier Millionen Jahre entfernt.

Die Bronzezeit begann 2000 Jahre vor unserer Zeitrechnung und dauerte in Mitteleuropa etwa bis 750 v. Chr. Die relativ warmen klimatischen Verhältnisse führten dazu, daß sich die Menschen damals im Alpengebiet ansiedelten.

Zwischen Jungsteinzeit und Eisenzeit gelegen, brachte die Bronzezeit der Menschheit ungeheuren Fortschritt, zumal sich das eben entdeckte Bronzeme-

Dozent Dr. Gerhard Trnka vom Institut für Ur- und Frühgeschichte der Universität Wien mit einer Axt aus der Bronzezeit.

Foto: Peter Tomschi

tall besonders zur Produktion von Werkzeug, landwirtschaftlichen Geräten, Waffen und Schmuck eignete. Neue Berufsgruppen entstanden, darunter Bergleute, Gießer und Schmiede.

Und die Blüte des Handels setzte ein. Denn zur Bronze-Erzeugung braucht man Zinn, das gemeinsam mit Kupfer die neue Metall-Legierung ergab. Zinn wurde aber nur im böhmischen Erzgebirge und im englischen Cornwall gewonnen.

Von dort mußten die Zeitgenossen unseres »Eismannes« ihr Zinn beziehen. Auf dem Seeweg wurde es mit Segel- und Ruderbooten beschafft, über Land war man mit zwei- bis vierrädrigen Karren unterwegs, die von Ochsen oder Pferden gezogen wurden. Rad und Wagen waren bereits tausend Jahre vorher erfunden worden. Die Transporte von Südengland nach Mitteleuropa dürften Monate, wenn nicht Jahre gedauert haben.

Daran knüpft sich eine Überlegung: Kupfererz wurde in den Alpen gewonnen, verhüttet, geschmolzen; doch der Mangel an Zinn dürfte gravierend gewesen sein. War unser »Mann aus dem Gletscher« vielleicht hoch oben in den Bergen auf der Suche nach diesem seltenen Metall?

Wie sich die Menschen damals kleideten, konnte bisher nur vermutet werden, da sich Stoffe und andere organische Materialien sehr bald auflösen. Der »Mann aus dem Eis« liefert uns erste Hinweise.

Über die Verständigung der Menschen in Mitteleuropa ist wenig bekannt; man weiß nur, daß sie einem indogermanischen Sprachstamm angehörten. Schreiben konnten sie nicht, die Schrift wurde erst 2000 Jahre später eingeführt, als die Römer unsere Region besiedelten.

Der »Mann aus dem Eis« lebte in einer funktionierenden Hierarchie. Es gab Reiche und Arme, wobei die Wohlhabenden »Schätze« aus Metall horteten. Der jetzt entdeckte Bewohner des Ötztales dürfte der Mittelschicht angehört haben, zumal die bei ihm gefundenen Bronzewerkzeuge zu Statussymbolen zählten.

Die Menschen bewohnten damals feste Holzhäuser, die meist aus einem einzigen Zimmer bestanden. Von der Einrichtung wissen wir aus Funden im skandinavischen Raum, daß es Klappsessel und Holzgefäße gab. Die Struktur der Familien in der Bronzezeit — ob sie monogam oder polygam lebten — liegt im dunklen. Fest steht, daß stadtähnliche Siedlungen bereits existierten, die von Herrscherfamilien angeführt wurden. Archäologen erkannten das aus besonders wertvollen Grabbeigaben, aus denen auch geschlossen werden kann, daß man im weiteren Sinn religiös war, an eine höhere Macht und ein Weiterleben nach dem Tod glaubte.

Wertvolle Grabfunde stammen jedoch hauptsächlich aus Niederösterreich, während in Tirol aus der frühen Bronzezeit keine Gräber gefunden wurden. Die Brandbestattung war üblich, ohne Grabbeigaben für ein »Leben nach dem Tode«.

Es wäre ein Fehler, die Lebensumstände der Menschen von damals mit unseren vergleichen zu wollen. Die uns selbstverständlichen technischen Möglichkei-

So in etwa kann man sich ein Dorf aus der frühen Bronzezeit vor
etwa 4000 Jahren vorstellen: Ein friedliches Dasein.

Foto aus „Menschen der Urzeit", Verlag Dausien

Rekonstruktion eines Blockhauses, wie es in der damaligen Zeit üblich war.

Foto aus „Menschen der Urzeit", Verlag Dausien

ten waren ihnen vollkommen fremd, ihre Interessen unterschieden sich von unseren diametral, und sie lebten in täglichen Existenznöten.

Das Durchschnittsalter lag bei 30 bis 40 Jahren, es gab so gut wie keine medizinische Versorgung, und wir haben keinerlei Hinweise auf hygienische Einrichtungen. Die geringste Erkrankung konnte zum Tod führen, »Medizinmänner« waren kaum in der Lage, Hilfe zu leisten.

Dafür kannte die Menschheit vor 4000 Jahren keine Kriege. Wohl schlugen sich die Vertreter der Oberschicht im Zweikampf hin und wieder die Schädel ein, doch Massenheere und Vernichtungsfeldzüge im Sinne unserer »zivilisierten« Welt waren unbekannt.

So gesehen, hatte uns der »Mann aus dem Eis« einiges voraus.

PS: Der aktuelle Stand der Dinge — im März 1992 — ändert nichts an der wissenschaftlichen Richtigkeit dieses Reports. Auch 1000 Jahre früher wird das harte, aber friedliche Leben unserer Vorfahren kaum anders verlaufen sein. Vielleicht jedoch — und wie es jetzt aussieht mit hoher Wahrscheinlichkeit — werden durch unseren »Mann aus dem Eis« neue Erkenntnisse über die Existenzbedingungen in »grauer Vorzeit« hinzukommen, die das Grau ein wenig heller machen.

DIE TIERWELT UNSERES ALTEN JÄGERS

Welche Absicht unseren »alten Freund« auch immer in die Bergwelt der Ötztaler Alpen geführt haben mag, wir sollten uns aus Aktualitätsgründen fragen, wie seine belebte Umwelt vor 5000 Jahren ausgesehen hat. Welche Tiere lebten damals, von welchen drohte Gefahr? — Welchen hat er mit Pfeil und Bogen nachgejagt? Was lag im Bereich seiner Möglichkeiten?

Diesen Fragen geht ein hochinteressanter Wissenschaftszweig nach, den man »Paläo-Anatomie und Tiergeschichte« nennt, und der Mann aus dem Eis könnte auch dafür neue Aufschlüsse bringen.

Mammut und Höhlenbär waren längst ausgestorben, die Eiszeiten sind über Europa hereingebrochen, wir befinden uns also in einer Zeit der Tierwelt, die weitgehend der unseren gleicht, nur mit einer bei weitem größeren Artenvielfalt in einem etwas milderen Klima als heute. Denn was unserem Eismann über den Weg gelaufen und vor die Pfeile gekommen ist, wurde erst in viel späteren Zeiten, gar erst um die Wende des vergangenen Jahrhunderts, von Menschenhand ausgerottet.

Aus vielen Funden weiß man, daß die hauptsächlichen Fleischquellen gezüchtete Rinder, Schweine und Ziegen waren, oft noch — wie Ausgrabungen an der Kelchalpe erwiesen — bis in 1800 Meter Seehöhe. Es waren Dauersiedlungen, kleine Dörfer. Jagdtiere, so berichten Dr. Spitzenberger und Dr. Bauer von der Zoologischen Sammlung des Naturhistorischen Museums in Wien, dürften nur etwa zwei Prozent des Fleischbedarfes gedeckt haben.

Die wichtigste Jagdbeute waren sicherlich Rothirsch, Steinbock, Gemse, ja sogar der Braunbär, der wohl schon damals als Viehräuber verfolgt worden sein dürfte. Es gab in den Alpen jedoch sogar Elche, die bis in 2500 Meter Seehöhe vorkamen, was anhand von Knochenfunden abgestürzter Tiere in den Höhlengebieten nachweisbar ist. Dasselbe gilt für den Wisent, den europäischen Waldbüffel, der sich während der Sommermonate auch in Hochgebirgsregionen vorwagte.

Was mag unser »Gletschermann« sonst noch gejagt haben? Sicher Murmeltiere, Schneehasen, Schnee- und Birkhühner, vielleicht auch Steinadler und andere Greifvögel, um daraus die Federn für seine Pfeile zu verwenden.

Worauf die Fraßspuren am Körper unseres Mannes aus dem Eis zurückzuführen sind, wird möglicherweise nie mehr ergründet werden können. Denkbar ist, daß er ums Leben kam und dann — wie schon in der Chronologie erwähnt — von Wölfen, Füchsen, Luchsen oder den damals noch zahlreich vorkommenden Geiern »angeknabbert« wurde.

METALL VERÄNDERTE
DIE WELT

Der »Mann aus dem Eis« hatte nur einen einzigen Gegenstand bei sich, der aus Bronze bestand: die in einen Holzschaft eingelassene Metallaxt. Sonst nur Gegenstände, die auf die zu Ende gehende Steinzeit in den Alpen verwiesen, was den Wissenschaftern die Datierung des Fundes so relativ leicht machte: an die 5000 Jahre alt, vielleicht älter.

Doch dieses Beil wirft einige Fragen auf: Wurden damals im Tiroler Ötztal schon Erze geschmolzen, verhüttet, gegossen, womöglich auch geschmiedet?

Oder war diese Axt von anderswoher importiert, im Tauschweg gegen Fleisch, Leder, Fell oder Getreide erworben worden? — Es ist zu früh, das mit Sicherheit sagen zu können.

Zwei Fakten sind in diesem Zusammenhang historisch erwiesen: Es gab damals schon längst weitreichende Handelsbeziehungen über Tausende Kilometer hinweg, fahrende Kaufleute, die selbst Menschen in entlegensten Gegenden mit wichtigen Dingen des täglichen Bedarfs und den neuesten Erfindungen versorgten.

Das kommt einem vergleichsweise so vor, als würde in unserem Jahrhundert ein fahrender Händler einen Erdbewohner treffen, der noch nie zuvor ein

Transistorradio oder einen Walkman mit Musikkassetten besessen hat.

Das zweite Faktum: Erst war es Kupfer, dann, so um 3500 v. Chr., war die Bronze in verschiedensten Zusammensetzungen erfunden worden. — Die Nutzung des Metalls hat die Welt verändert, oft zum Schlechteren, wie man weiß. Plötzlich war es mit Hilfe des Feuers möglich, weit einfacher als Steine zu behauen zunächst Gegenstände aus Kupfer zu erzeugen, dann auch aus Bronze: Äxte wie jene unseres »Eismenschen«, Speer- und Pfeilspitzen, Gefäße, in denen man kochen konnte, dann auch Schmuckstücke. Viele Jahrtausende später erst Münzen, Glocken und — Kanonen.

Auf die Ursprünge der Bronzeherstellung führte im Jahre 1961 eine sensationelle Entdeckung israelischer Archäologen in den Bergen nahe dem Toten Meer, die sich für archäologisch Interessierte wie ein Krimi liest.

In einer Höhle, 200 Meter über dem Tal und nur per Strickleitern von einem Felsvorsprung aus erreichbar, fanden die Wissenschafter zunächst Papyrusfetzen mit griechischen, aramäischen und hebräischen Schriftzeichen, Tonscherben, Glasstücke, Steinlampen und andere Gebrauchsgegenstände. Die Datierung ergab: Die Funde stammten aus der Zeit um 70 n. Chr., also zur Zeit der Zerstörung des Tempels in Jerusalem und der Verfolgung der Juden durch die Römer.

Es war offenbar eine Fluchthöhle, die eilig verlassen worden, vielleicht von den Römern erobert worden war. Spuren weisen darauf hin, daß es früher einen schmalen Fußpfad in diese Berge gegeben hatte. Dann jedoch, in tieferen Schichten, fanden Archäologen der »hebräischen« Universität von Jerusalem Gebrauchsgegenstände, die auf weit ältere Bewohner dieser Höhle hinwiesen. 5000 Jahre alte Töpfe, Getreidekörner, Steine, die offenbar zu einem Herd gehörten. — Und unter einer Steinplatte letztlich ein Versteck mit 429 in Strohmatten gewickelten Bronzegegenständen, unter ihnen 10 Kronen früher Fürsten, Schmuck, Zepter, Kultgegenstände und Gefäße.

Es war der älteste Bronzefund, der je gemacht wurde, denn nur 13 der Gegenstände bestanden aus Kupfer und anderen Metallen.

Die Analysen der Metall-Legierungen ergab: Es war eine Mischung aus Kupfer und Arsen, das in manchen Lagerstätten natürlicherweise im Kupfererz enthalten ist. Irgendwann, schon vor 5500 Jahren, müssen urzeitliche Schmelzer und »Schmiede«, sofern es diese überhaupt schon gab, dahintergekommen sein, daß diese Mischung eine weit härtere Legierung ergab als reines Kupfer. Und zudem besser zu verarbeiten war. Denn reines Kupfer läßt sich nicht gut gießen, bildet viele Blasen. Eine Beimischung von Arsen mindert diesen Produktionsmangel und schafft bessere, weniger brüchige Endprodukte. Diese Legierung entsprang also nicht menschlichem Erfindergeist, sondern wurde zufällig durch die natürliche Beimischung von Arsen im Kupfererz gemacht.

Das Risiko der Bearbeitung freilich war enorm, Arsen ist giftig und entwickelt beim Verhüttungsprozeß

Dämpfe, die wohl den Tod vieler Arbeiter verschuldet haben müssen.

Deshalb, so glauben die Wissenschafter unserer Zeit, ist nach anderen Beimischungen gesucht worden, und irgendwann — niemand weiß es genau — sind die Menschen auf das Zinn verfallen. Nur zehn Prozent davon genügen, um der Kupferschmelze doppelte Härte zu geben, und durch Hämmern kommt diese Legierung fast an die Härte von weichem Stahl heran.

Eine überragende und für die Menschen von damals zwingende Entdeckung, nach Zinnlagerstätten zu suchen. Die jedoch sind im Nahen Osten nur sehr spärlich vorhanden.

Blättern wir nach dieser bahnbrechenden Erfindung 500 Jahre weiter, führt uns diese ins Reich der Sumerer von Ur am Unterlauf des Euphrat und zu schaurigen Riten. Wenn dort ein König starb, war seine gesamte Gefolgschaft dem Tod geweiht, mußte dem Herrscher ins Grab folgen.

Frauen und Nebenfrauen, Soldaten, Dienstboten, Musikanten mit Flöten und Harfen, mußten auf ein Zeichen hin gemeinsam Gift trinken, vermutlich in der Absicht, dem König auch noch im Jenseits dienstbar zu sein.

In einem einzigen Königsgrab in Ur befanden sich die Gebeine von 60 Frauen und Männern — aber auch wundervolle Gegenstände, die ausschließlich aus der Legierung Kupfer/Zinn bestehen.

Es mag im Gebirge am Ostrand der mesopotamischen Ebene geringfügige und bald erschöpfte Zinnvorkommen gegeben haben, doch die können den enormen Bedarf bei weitem nicht gedeckt haben. Deshalb glauben die Archäologen, daß Zinn schon damals aus dem Kaukasus-Gebirge im Süden der nachmaligen Sowjetunion importiert wurde.

Dafür gibt es auch Beweise: In einigen Gräbern von Ur wurden kaukasische Nadeln gefunden, die damals zum Zusammenhalt von Kleidung dienten; man weiß, daß die Bergleute und Schmelzer Kaukasiens Meister ihres Faches waren. Manche vermuten sogar, daß dort die Erfindung der Kupfer-Zinn-Legierung geglückt ist, der Bronze also. Es müssen dennoch schon Handelswege über Tausende Kilometer hinweg existiert haben. Möglicherweise ist Bronze in roher Barrenform transportiert und im Vorderen Orient weiterverarbeitet worden.

Die Händler in diesen Tagen waren die sogenannten »Glockenbecher-Leute«, so benannt nach den glockenartigen Gefäßen, die sie ihren Toten mit ins Grab gaben. Sie dürften ursprünglich aus Spanien gestammt haben, waren über viele Generationen als Kaufleute quer durch Europa gezogen, waren Spezialisten, was die Erzeugung von Hämmern, Äxten, Messern und Speerspitzen aus Bronze anlangte, dürften wohl auch Reparaturen und Kesselflickarbeiten durchgeführt haben.

Dieses fahrende Händlervolk in Sachen Bronze, das seine Spuren, die »Glockenbecher«, überall in Europa von den Britischen Inseln bis hinauf nach Skandinavien und den baltischen Staaten hinterließ, dürfte sich etwa um das Jahr 1700 völlig mit der einheimischen

Bevölkerung vermischt haben und seßhaft geworden sein.

Als unseren »Gletschermann« im oberen Ötztal sein Schicksal ereilte, gab es bereits Handelsbeziehungen, die von Afghanistan bis nach Spanien, von Sizilien bis an die Ostseeküste reichten, wobei die Donau ein wichtiger Transportweg war. Hat der »Mann aus dem Eis« über dieses Handelsnetz seine phantastische Axt erhalten? Oder ist es doch wahrscheinlicher, daß Kupfer schon damals in Tirol abgebaut wurde? Wir können es nur vermuten, solange die metallurgischen Untersuchungen noch nicht abgeschlossen sind.

KUPFERBERGBAU IN DIESEN TAGEN

In Österreich gibt es Kupferlagerstätten in der sogenannten »Grauwackenzone«, die sich zwischen den nördlichen Kalkalpen und den Zentralalpen von Ternitz in Niederösterreich bis Schwaz in Tirol erstreckt, auch als »Nuggets« in reiner Form.

Auf dem Mitterberg bei Bischofshofen sind Spuren zu finden, daß der Bergbau bis in die frühe Bronzezeit zurückgereicht hat. An den meisten anderen Stellen sind die urzeitlichen Abbauspuren durch das Gewinnen von Erzen im Mittelalter und in der Neuzeit vernichtet worden.

Kupfer mit einem Schmelzpunkt von 1.083,4 Grad Celsius kommt hauptsächlich im Kupferkies und in Malachit-Erzen vor. Die Menschen der Vorzeit hatten sehr genaue Kenntnisse, wie man damit umgehen mußte: Erst wurde das Erz vorgeröstet, dann unter Zugabe von Quarz geschmolzen. Dadurch oxydierten die Fremdstoffe, man erhielt Schwarz- oder Rohkupfer und Schlacke. Die charakteristischen Schlackenformen der einzelnen Schmelzgänge wurden in Hallen abgelagert und sind meist die einzigen Anzeichen für bronzezeitliche Kupferverhüttung.

Wie schon erwähnt, schwankt die Dauer der Bronzezeit in verschiedenen Gegenden der Welt beträchtlich. Für Mitteleuropa kann man sagen, daß sie von etwa 2200 bis 750 v. Chr. währte.

Eine interessante zeitliche Überschneidung: Die berühmte Hallstattkultur, die Früheisenzeit, reichte von 1200 bis 500 v. Chr. Das heißt also, in manchen Gegenden war noch Bronzezeit, während in anderen längst die Eisenzeit eingesetzt hatte. Metallurgen wundern sich schon immer, wieso sich die Menschen zuerst der viel schwierigeren Bronzeherstellung aus dem seltenen Kupfer und dem noch selteneren Zinn verschrieben hatten, anstatt Eisen zu verwenden, das viel häufiger in Erzform vorkommt und relativ einfach in einem einzigen Gang zu schmelzen ist.

Dem dänischen Kaufmann und Amateurforscher Christian Jürgensen Thomsen ist übrigens die Einteilung in Steinzeit, Bronzezeit und Eisenzeit zu danken. Als er im Jahr 1819 in Kopenhagen ein Altertumsmuseum gründete, führte er für die Beurteilung prähistorischer Funde erstmals den Zeitbegriff ein und benannte die Kulturepochen der Menschheit nach ihren charakteristischen Rohstoffen. Zuvor wurden diese alten Funde als ungeklärte Hinterlassenschaften wilder oder halbwilder Volksstämme angesehen. Thomsen wurde damit zum »Vater der Altertumskunde«. Apropos Materialien: Ursprünglich war das Neolithikum, die Jungsteinzeit, auch als Kupferzeit bezeichnet worden. Der Begriff wurde später von den Wissenschaftern verworfen. Vielleicht sollte man ihn wieder einführen, denn jetzt haben wir den »Mann aus dem Eis« als wohlerhaltenes Exempel dieser Epoche.

DIE »WEITE WELT« VOR 5000 JAHREN

Es entzieht sich unserer Vorstellungskraft, was sich sonstwo auf dem Planeten Erde abgespielt hat, als unser »Mann aus dem Eis« einen vermutlich einsamen Tod in den Bergen starb. Wie hat es in der »weiten Welt« ausgesehen, die damals noch keine weite Welt war, weil Kommunikation nur via Ochsenkarren, die jahrzehntelang unterwegs waren, eventuell funktionierte. Reisende Händler waren die Übermittler von Nachrichten, die sich, als sie mitgeteilt wurden, womöglich längst schon überholt hatten.

Wie also sah die Welt vor 5000 Jahren aus?

• Die Sumerer hatten in Mesopotamien ihr kulturell hochstehendes Reich mit Ur als Hauptstadt noch nicht geschaffen. Die Dynastie des Hammurabi, des ersten Gesetzgebers, war noch gar nicht gegründet.

• 2000 Kilometer ostwärts, in Ägypten, begann soeben das, was die Archäologen »geschichtliche Zeit« nennen. Die älteste entdeckte Pyramide ist vor 5000 Jahren gebaut worden. Erst 500 Jahre später waren Totenglaube und die Sehnsucht von Fürsten nach einem Überleben nach dem Tod so stark, daß sie angeordnet hatten, ihre Körper zu mumifizieren, für alle Zeiten zu erhalten. Dann erst gab es Astrologen, der Kalender wurde erfunden.

● Auf Kreta waren die Menschen auf dem Sprung zu einer 600 Jahre (2600—2000 v. Chr.) dauernden hochkulturellen Periode, die man als die frühminoische bezeichnet. Goldschmuck, geschliffene Gefäße aus buntfarbigen Steinen, ein Handel mit Bronzebarren zeugen davon. Um die Zeit, als unser Mann aus dem Eis durch die Ötztaler Alpen wanderte, war noch lange nicht damit begonnen worden, die berühmte Stadt Knossos mit ihren überaus prachtvollen Palästen zu errichten.

● In China herrschte bereits »Bronzezeit«. Wundervolle, handwerklich perfekte Gefäße und Schmuckgegenstände sind uns erhalten. Die chinesische „Hochblüte", die wir als eine der Wiegen der Menschheitsgeschichte kennen, entwickelte sich allerdings erst um etwa 1100 v. Chr., als aus einem lockeren Staatengebilde mit einzelnen Fürstentümern ein Weltreich wurde. Vor 5000 Jahren jedoch wurden vermutlich bereits Seidenraupen gezüchtet.

● Im England dieser Zeit waren keltische Steinmetze dabei, die Monumente von Stonehenge zu errichten, deren Sinn und Mythos Wissenschaftern noch heute Rätsel aufgibt.

● Die Indogermanen — unbekannter Herkunft — dringen in dieser Zeit in den Orient, nach Griechenland und Italien vor.

● In Südafrika hat die Eisenzeit bereits begonnen, weit früher als in Europa. Dort geriet man aus ungeklärten Gründen nahtlos von der Steinzeit ohne den Umweg »Kupfer und Bronze« in das nächste Zeitalter.

● Im Bereich Alaska und dem östlichsten Zipfel Asiens, an der Beringstraße, entwickelte sich eine hochstehende Eskimo-Kultur. Lange zuvor war über die zugefrorene Meerenge der amerikanische Kontinent von Steinzeitjägern besiedelt worden.

● In Mittelamerika sind die Vorfahren der späteren Maya-Kultur seßhaft geworden.

● Im Fernen Osten, vor allem Indien, Burma und Thailand, wurde schon Reis angebaut. Am Indus begann gerade eine Hochkultur, die 1000 Jahre dauern sollte. Es war ein Volk ungeklärter Herkunft mit hochseetüchtigen Schiffen und für die damaligen Tage unglaublichen Handelsbeziehungen.

Von alldem ahnte unser »einsamer Mann im Gletscher« nichts, die »weite Welt« von damals war ihm fremd. Auch wir mit unseren fantastischen Möglichkeiten haben Jahrzehnte gebraucht, um solche Zeitvergleiche anstellen zu können.

VON MUMIEN, MOOR-
LEICHEN UND DEM
SALZ-MANN

DER TOTE VOM SIMILAUN-
GLETSCHER IM HISTORISCHEN
VERGLEICH

Mammuts und andere Tiere sind im Dauer-Frost-
boden Sibiriens so gut konserviert worden, daß man
sogar ihr Fleisch noch essen könnte. Ihre enormen
Stoßzähne werden jetzt, seit der Elfenbeinhandel aus
Naturschutzgründen — endlich — zusammengebro-
chen ist, aus der Sowjetunion als Ersatz für Schnitzer
exportiert. Das »alte Elfenbein« ist braun, aber durchaus brauchbar. Sogar ein Babymammut wurde völlig
erhalten gefunden und sorgte vor einigen Jahren für
großes Aufsehen.

Von Menschen jedoch blieben über Jahrtausende
hinweg in den meisten Fällen nur Skelette oder Ske-
lettreste — mit Ausnahmen: Mumien, die durch
glückliche klimatische Bedingungen, in Sümpfen oder
Salzbergwerken — und durch die Kenntnisse antiker
Ärzte und Wissenschafter — konserviert werden.

Beispiel Ägypten: Tote wurden im salzhaltigen und
trockenen Sand mumifiziert und lieferten wichtige
Hinweise über das Leben vor etwa 5000 Jahren.
Dann, als Ägypten in die Phase der Hochkultur ge-

121

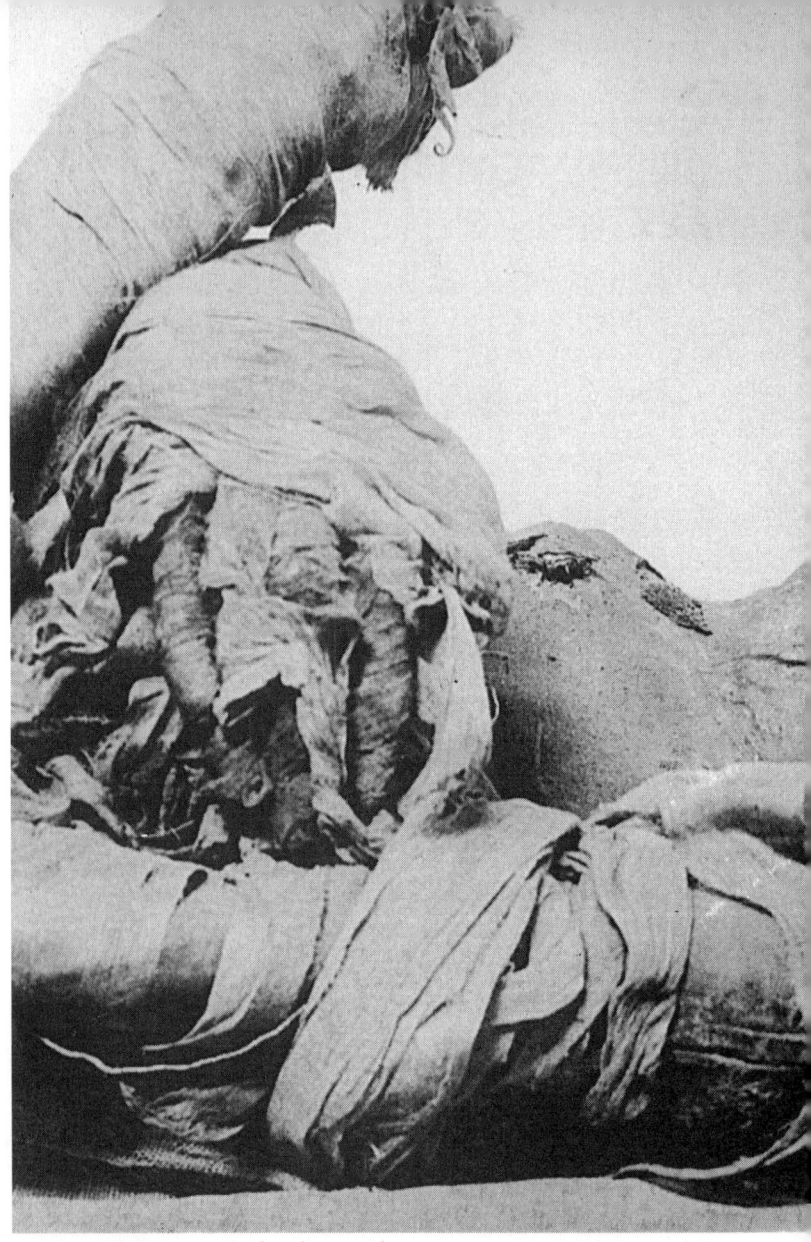

Die Mumie des berühmten Pharao Ramses II.: Von Pilzen befallen und trotz Konservierung in London rettungslos verloren.

Foto: Sipa-Press/Kronen-Zeitung

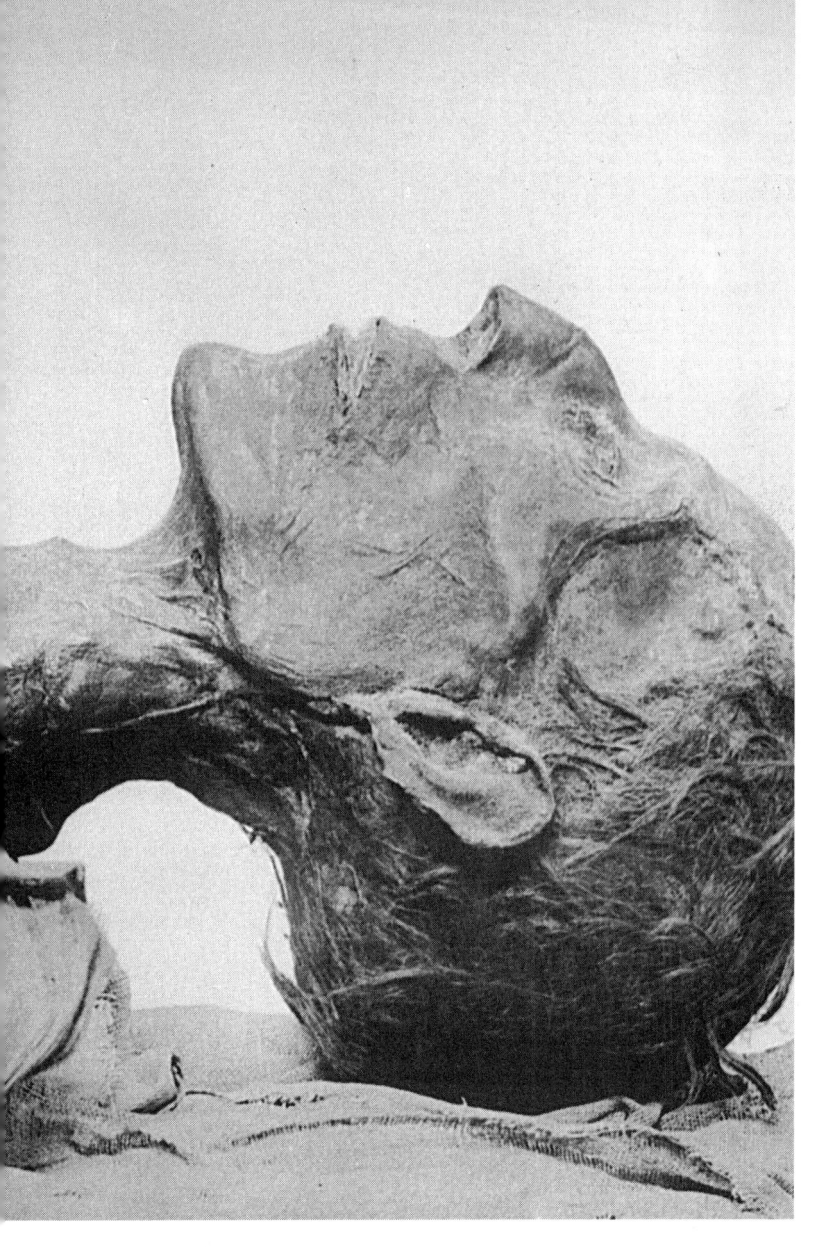

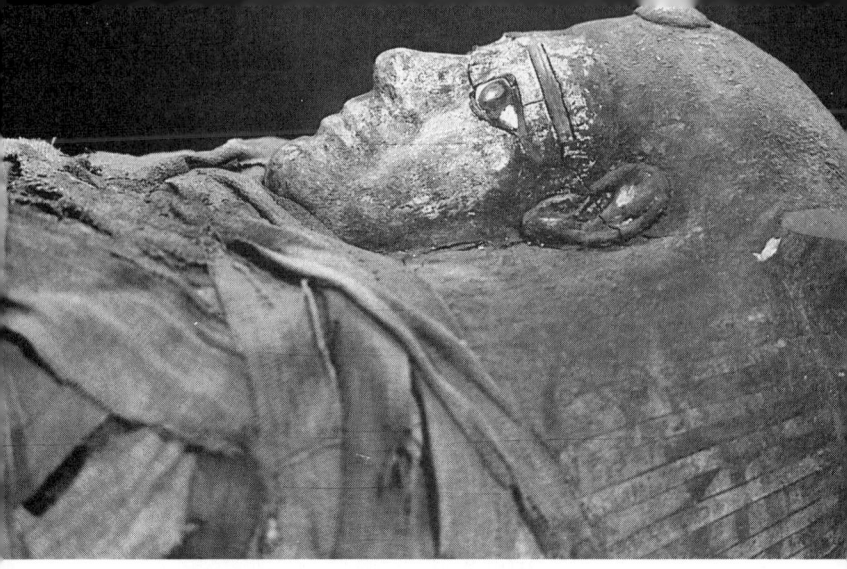

Mit Natron „entwässert" und mit Harzen konserviert: die Mumie einer unbekannten ägyptischen Prinzessin.
Foto: Cara Press/Viennareport

riet, waren religiöse Gründe dafür verantwortlich, die Körper Verstorbener für ein Leben im Jenseits so gut wie möglich zu bewahren. Es wurde damit begonnen, »künstlich nachzuhelfen«.

Die »Mumifizierung« war erfunden, und das ereignete sich, wie Dr. Elfriede Haslauer von der Ägyptischen Sammlung des Kunsthistorischen Museums in Wien erläutert, vor 4500 Jahren, also später als der Tod unseres Bronzezeitmenschen in den Ötztaler Alpen. Allerdings: die wohl bekanntesten Mumien ägyptischer Pharaonen sind bei weitem jünger als der »Mann aus dem Eis«. Ramses II., einer der bedeutendsten Pharaonen der ägyptischen Geschichte, starb 1500 Jahre nach dem Eismenschen, Tut-ench-Amun ist sogar um etwa 1600 Jahre jünger.

FLUCH DES PHARAO — EIN PILZ?

Mit gutem Grund wurde die Mumie vom Similaun-Gletscher nach der ersten Euphorie und vielem Herzeigen unter Verschluß gehalten, ehe geklärt werden konnte, von welcher Art Pilzen sie befallen war.

Eine französische Ärztin, Caroline Stenger-Philippe, ist nämlich im Jahre 1986 der Ursache jenes möglichen Phänomens auf die Spur gekommen, das als »Fluch des Pharao« seit Jahrzehnten die Menschen beschäftigt, Stoff für Romane und Filme war.

Der historische Hintergrund: Der britische Archäologe Howard Carter und viele seiner Mitarbeiter, die am 25. Dezember 1922 das Grab Tut-ench-Amuns geöffnet hatten, starben innerhalb weniger Jahre unter geheimnisvollen Umständen. Sie hatten die Grabkammer geöffnet und waren, so glaubt die französische Ärztin, mit Pilzen angesteckt worden, die zu einer Infektion der Lunge geführt haben müssen.

Pilze können sich Jahrtausende am Leben erhalten und wieder aktiv werden. Und in Tut-ench-Amuns Grab boten viele organische Materialien wie Holz, Leder, Textilien und Öle ideale Bedingungen für lange Existenzmöglichkeit.

Diese Behauptung, oft umstritten, konnte bis heute nicht widerlegt werden.

Pilze, Licht und Feuchtigkeit haben auch der Mumie des Pharao Ramses II. so hart zu schaffen gemacht, daß diese im Jahre 1976 zur Untersuchung und Konservierung nach London transportiert worden war. Der Verfall konnte nur vorübergehend gestoppt werden, weshalb sich der später ermordete ägyptische Präsident Saddat entschloß, die alten Pharaonen endgültig zur letzten Ruhe zu betten und sie nicht mehr öffentlich auszustellen.

Der wesentliche Unterschied zu unserem »Mann aus dem Eis« ist: Die ägyptischen Pharaonen wurden im Grunde genommen verstümmelt, ehe mit der Einbalsamierung begonnen wurde. Man entfernte Eingeweide und das Gehirn, entzog diesen, ebenso wie dem Körper, durch Zusatz von Natron die Gewebeflüssigkeit. Das dauerte zwei Monate. Der Körper wurde dann mit konservierenden Harzen bestrichen und in Binden gewickelt, mit Schmuckstücken und Goldmasken in Sarkophage gelegt und bestattet. Die Eingeweide kamen in Tonkrüge und wurden gesondert beigesetzt.

Der Mann vom Similaun-Gletscher jedoch ist völlig erhalten — mit Gehirn, inneren Organen und Mageninhalt, was in absehbarer Zeit wichtige Aufschlüsse geben kann, von denen noch die Rede sein wird.

Was sonst noch an »kompletten« Menschen aus alten Zeiten für die Geschichte blieb: Da sind zunächst die Moorleichen, die überall in Europa von Zeit zu Zeit gefunden werden, vor allem im germanischen Raum, bisher etwa 700 an der Zahl.

Es waren Verunglückte, die sich in die Sümpfe vorgewagt hatten, Opfer von Verbrechen, aber auch Menschenopfer und Hingerichtete. Der römische Schriftsteller Tacitus beschreibt die rauhen Sitten in Germanien: Männer, die sich als feige erwiesen oder Sittlichkeitsverbrechen begangen hatten, wurden ins

Die Totenmaske des Pharao Tut-ench-Amun: Seine Mumie wird allerdings nicht mehr der Öffentlichkeit gezeigt.

Foto: Camera Press/Viennareport

Moor gestoßen und oft mit Flechtwerk bedeckt, damit sie tatsächlich ums Leben kamen, keine Chance hatten, aus dem Sumpf zu entkommen.

Berühmt ist der Fund von Tollund in Dänemark, der von den Säuren im Moor konservierte Kopf eines Mannes, der vielleicht um 200 v. Chr. versenkt worden war. Er hat friedliche Gesichtszüge, eine Lederhaube am Kopf, er war gehenkt oder erdrosselt worden. Die Lederschlinge trug er noch um den Hals.

In Germanien war es üblich, die Verurteilten gleichsam den Göttern zu opfern, damit diese durch seinen Tod versöhnt würden.

In Dänemark wurden relativ gut erhaltene Mumien entdeckt. Die Männer trugen lange Mäntel, die Frauen Röcke. Das berichteten Wissenschafter der Hamburger Universität im Zusammenhang mit dem Fund vom Similaun-Gletscher.

Eine ganz bedeutende Entdeckung ist der Wissenschaft abhanden gekommen, weil sie im Jahre 1734 gemacht worden war. In einem Salzbergwerk in Hallstatt wurde ein Mann entdeckt, wundervoll vom Salz konserviert. Er dürfte vor 2500 Jahren in einem Stollen verünglückt sein. Da es damals keine Gerichtsmediziner gab und die urgeschichtliche Archäologie noch längst nicht erfunden war, wurde der »Mann aus dem Salz« einfach am Friedhof von Hallstatt bestattet ...

HOCHGESTECKTE ERWARTUNGEN

WAS DER MANN AUS DEM EIS DER WISSENSCHAFT BRINGEN KÖNNTE

Mit größter Spannung warten die Welt der Wissenschaft und die Öffentlichkeit auf die ersten konkreten Ergebnisse der Auswertung dieses »Sensationsfundes des Jahrhunderts«, wie viele sagen. Schon jetzt muß das Bild, das wir von der Welt vor 5000 Jahren hatten, revidiert werden; vieles ist noch zu erwarten.

Der Wissenschaftszweig »archäologische Medizin« ist noch nicht erfunden, der »Mann aus dem Eis« könnte den Anlaß zur Gründung dazu geben. Denn er stellt viele Fragen, auf die es keine Antworten gibt.

Es wird jetzt möglich sein, das genetische Potential (DNS) dieses 5000 Jahre alten Toten zu untersuchen. Wie hat es damals ausgesehen, wie hat es sich seitdem verändert, was unterscheidet uns Menschen von heute von diesem Vorfahren?

Haut, Muskeln und Organe des Bronzezeitmannes sind so gut erhalten, daß auch auf Krankheiten, unter denen man in diesen Zeiten gelitten hat, Rückschlüsse möglich sind. Welche Parasiten gab es damals? Litten die Menschen dieser Zeit schon unter Karies? Waren sie bereits irgendwelchen Umweltbelastungen ausgesetzt?

Wie haben sich die Menschen von damals ernährt? Vom Magen- und Darminhalt des »Mannes aus dem Eis« erwarten Mediziner und Urgeschichtler wichtige Rückschlüsse, und mit modernen analytischen Methoden können vielleicht Antworten auf diese Fragen gefunden werden.

Und dann natürlich die Todesursache: Woran ist dieser Mensch in der Blüte seines Lebens gestorben, ausgerechnet in 3200 Metern Seehöhe?

Spannende Erwartung auch bei den Wissenschaftern, die sich mit Ur- und Frühgeschichte beschäftigen. Was kann alles aus der Analyse der Ausrüstungsgegenstände unseres »Mannes aus dem Eis« geschlossen werden?

● Wie waren die Jagdmethoden der damaligen Zeit? Pfeile und Pfeilspitzen, die der Tote bei sich hatte, könnten darüber Aufschluß geben.

● Er war in Leder und Fell gekleidet. Wie hat man damals Häute und Pelze gegerbt? Eichen gibt es in dieser Gegend, hat man schon gewußt, daß die Rinde soviel Gelbsäure, Tannin, enthält, um wirkungsvolle Gerbung zu erreichen?

● Von welchen Tieren stammen beispielsweise die Lederstreifen, die durch das aus durchbohrtem Stein bestehende Amulett gezogen waren?

● Von welchen Tieren stammen die borstigen Haare, die bei dem Gletschermann gefunden wurden? Von Gemse, Steinbock, Elch?

● Die wenigen Haare, die am Kopf des Leichnams erhalten blieben, lassen auf seinen Gesundheits- oder Krankheitszustand, auf Umweltfaktoren und andere Dinge schließen. Haaranalysen zählen in der modernen Kriminalistik zu einer der wichtigsten Untersuchungsmethoden.

● Wo könnte jenes Steinmesser und jener Flint zum Feuermachen herstammen, die der »Mann aus dem Eis« als Überlebens-Gegenstände bei sich hatte und die den Übergang von der Steinzeit in die Bronzezeit markieren?

Aktuelles PS: Mit Stand März 1992 wurde der Körper des Gletschermannes seit seiner Auffindung noch nicht angetastet. Er liegt nach wie vor bei minus 6 Grad in einer Kühlkammer des »Gerichtsmedizinischen Institutes« in Innsbruck. Die Wissenschafter beraten erst die Vorgangsweisen, wie bei der Obduktion zu Werk gegangen werden soll, um optimale Ergebnisse zu erzielen.

Inzwischen stellte sich heraus, daß die »Verletzungen« an der Mumie, die man zunächst für Tierfraß hielt, in Wahrheit bei der unsachgemäßen Bergung mit einem Eispickel verursacht worden waren. Nur eine Wundstelle am Hinterkopf ist vermutlich dadurch entstanden, daß sich — vielleicht Geier — an dem Toten »vergriffen« hatten.

Mancher möge sagen: Wir haben, weiß Gott, andere Probleme als uns um diese zu kümmern. Wer jedoch an Geschichte und geschichtlichen Zusammenhängen interessiert ist, der wird neugierig darauf warten, was bei all diesen Forschungen zu Tage kommen wird.

DAS RÄTSEL DER TÄTOWIERUNGEN

Zunächst war viel herumgedeutet worden, was wohl die Tätowierungen an dem mumifizierten Gletschermenschen zu bedeuten haben. Da finden sich neun parallele Striche, in drei Sektionen eingeordnet, auf dem Rücken des Mannes, weiters eine Kreuz-Tätowierung am linken Knie.

Die seltsamen Tätowierungen des Gletschermannes: Es gibt eine ganze Anzahl von Deutungen.

Die modernen Völkerkundler kennen solche »Hautzeichnungen« von heute noch existierenden einfachen Stämmen und haben dafür etwa 25 verschiedene Deutungen: von Stammeszeichen und über religiöse Symbole bis hin zu Heilwirkungen.

Auch die technischen Methoden dieser Tätowierung sind kein Rätsel mehr: Pulverisierte Holzkohle wird mit Speichel oder Wasser angerührt, diese »Tin-

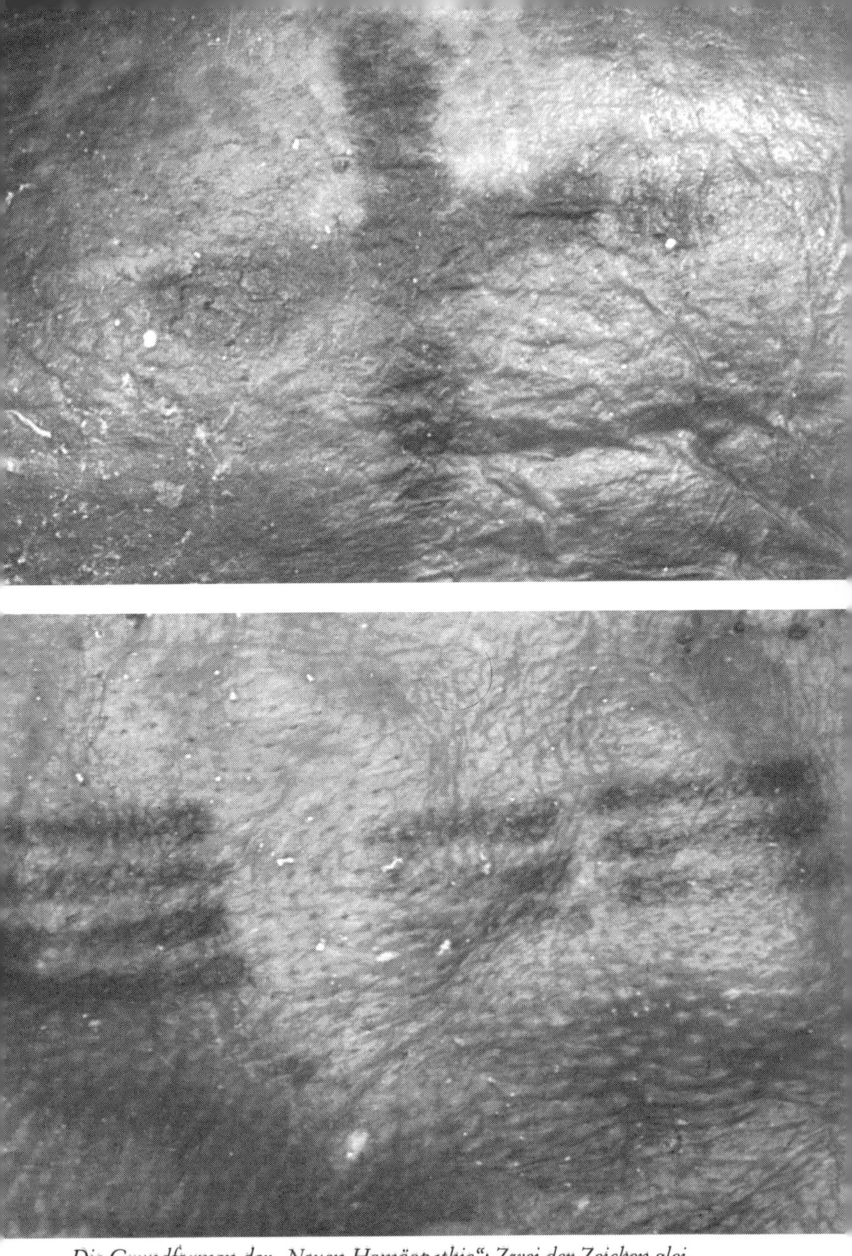

Die Grundformen der „Neuen Homöopathie": Zwei der Zeichen gleichen den Tätowierungen des „Mannes aus dem Eis"

te« mit Nadeln — früher können es Fischgräten gewesen sein — unter die Haut »punktiert«. Das ergibt eine charakteristische bläuliche Färbung, wie sie auch beim »Mann aus dem Eis« auch nach Jahrtausenden noch deutlich erkennbar ist.

Wenn wir von Heilwirkung sprechen, dann hat der in Wien lebende Erich Körbler eine Lösung des Rätsels parat. Er kommt ursprünglich aus der Technik, beschäftigt sich heute mit Problemen der Homöopathie und hält seit Jahren Seminare vor Ärzten, um sie mit neuen — alten — Methoden vertraut zu machen.

Welch seltsames Zusammentreffen der Ereignisse: Fünf Monate vor Auffindung des Gletschermannes veröffentlichte Körbler in der Zeitschrift »raum & zeit« einen Artikel über Zeichnungen auf der Haut als Methode der Schmerzbefreiung in der »Neuen Homöopathie«. Zwei der Grundformen sind praktisch ident mit jenen Tätowierungen, die man auf der Haut des Gletschermannes sieht: das Kreuz und die parallelen Striche.

Zu Beginn des langen Gespräches, das Ihr Autor mit Erich Körbler führte, zeigte er als Beispiel eine tags zuvor erlittene Brandwunde an der linken Hand, die er sich unglücklicherweise mit einem Lötkolben zugefügt hatte: Fünf parallele Striche, die er mit einem Filzstift auf jeder Seite der Wunde anbrachte, machten kein Pflaster nötig. Keine Entzündung ist an der Verletzung zu sehen, und es zeigen sich bereits Anzeichen rascher Heilung.

Körblers Deutung für die Tätowierungen des Mannes, der aus der Vorzeit zu uns kam, lautete folgendermaßen. Er wollte sich von einem Nieren- oder Gallenleiden befreien — oder sich vor Kälte schützen. »Lassen Sie sich von Partner oder Partnerin neun parallele Striche — mit Filzstift oder Kugelschreiber — auf den Rücken malen, und sie werden nicht frieren«, rät Körbler aus seiner Erfahrung. »Das ergibt bei gesunden Menschen ein Gefühl der Wärme.«

Der Verfasser dieser Zeilen hat das ausprobiert — es wirkt.

In Gegenden unserer Welt, in denen es kein Geld für moderne medizinische Technik gibt, so Körbler, werden diese Methoden der »Neuen Homöopathie« mehr und mehr angewandt — als Hausmittel sozusagen.

»ÖTZI« ZURÜCK NACH SÜDTIROL

Der lange tobende und mit viel Sarkasmus behaftete Streit um die Besitzrechte an dem mumifizierten Gletschermann und seiner Ausrüstung wurde im Februar 1992 endlich beigelegt. Die Universität Innsbruck schloß mit der »Autonomen Provinz Bozen«, also Südtirol, einen auf drei Jahre befristeten Vertrag — mit der Möglichkeit der Verlängerung, was ziemlich sicher nötig sein wird.

Die wesentlichen Punkte darin: Südtirol überläßt der Uni Innsbruck die Funde zur wissenschaftlichen Auswertung und verzichtet auf alle Einahmen an der Verwertung, Publikationen usw. Das Geld, das hereinkommt, fließt in einen Fonds, aus dem ein Teil der aufwendigen Untersuchungen finanziert werden soll.

Dann jedoch werden durch diesen Vertrag alle österreichischen Bemühungen um ein »Ötzi-Museum« zunichte gemacht: Nach Abschluß der Forschungen müssen die »menschlichen Überreste« und alle anderen Funde an Südtirol zurückgegeben werden. Die Regierung in Bozen hatte, als der Grenzstreit noch gar nicht ausgestanden war, den Eismenschen zum »nationalen Kulturgut« erklärt.

Ihr Autor wäre eher der Meinung gewesen, er gehört niemandem im speziellen, sondern der Menschheit generell . . .